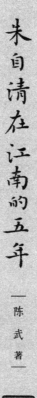

朱自清在江南的五年

—— 陈 武 著 ——

古吴轩出版社

中国·苏州

图书在版编目（CIP）数据

朱自清在江南的五年/陈武著. — 苏州：古吴轩出版社，2018.8（2022.1 重印
（回望朱自清）
ISBN 978-7-5546-1192-0

Ⅰ.①朱… Ⅱ.①陈… Ⅲ.①朱自清（1898—1948）—生平事迹
Ⅳ.① K825.6

中国版本图书馆 CIP 数据核字（2018）第 173380 号

责任编辑：蒋丽华
见习编辑：顾　熙
策　　划：罗路晗
封面题签：葛丽萍
装帧设计：鸿儒文轩·书心瞬意

书　　名：朱自清在江南的五年
丛书主编：陈　武
著　　者：陈　武
出版发行：古吴轩出版社
　　　　　　地址：苏州市八达街 118 号苏州新闻大厦 30F　邮编：215123
　　　　　　电话：0512-65233679　　　　　　　传真：0512-65220750
出 版 人：尹剑峰
印　　刷：三河市华东印刷有限公司
开　　本：787×1092　1/32
印　　张：6
版　　次：2018 年 8 月第 1 版
印　　次：2022 年 1 月第 2 次印刷
书　　号：ISBN 978-7-5546-1192-0
定　　价：36.00 元

如有印装质量问题，请与印刷厂联系。电话：010-85717689

题记

朱自清在《我是扬州人》里说："我家是从先祖才到江苏东海做小官。东海就是海州，现在是陇海路的终点。我就生在海州。四岁的时候先父又到邵伯镇做小官，将我们接到那里。海州的情形我全不记得了，只对海州话还有亲热感，因为父亲的扬州话里夹着不少海州口音。"

作为乡前辈，朱自清一直是我崇敬的人，同时我也一直关注他的作品。早在1996年，《朱自清全集》在江苏教育出版社出版的时候，我就买了一套，放在书橱最显眼又顺手的位置，随时可以取出来翻一翻，读一读，读他的文学作品、学术专著、语文随笔、古典诗词，每一次都会有不一样的感受。记得在读叶圣陶的文章《朱佩弦先生》时，说到朱自清的作品，有这样的评论："他早期的散文如《匆匆》《荷塘月色》《桨声灯影里的秦淮河》都有点儿做作，太过于注重修辞，见不得怎么自然。到了写《欧游杂记》《伦敦杂记》的时候就不然了，全写口语，从口语中提取有效的表现方式，虽然有时候还带一点文言成分，但是念起来上口，有现代口语的韵味，叫人觉得那是现代人口里的话，不是不尴不尬的'白话文'。"读了这段话，我还特地把叶圣陶提到的《匆匆》等三篇文章重读一遍，再对照着读《欧游杂记》《伦敦杂记》，认真领会了叶老的评论，真是受益匪浅。当我写作累了的时候，或要偷懒、懈怠的时候，《朱自清全集》也仿佛会开口说话一样，用严肃的语言督促我，教我偷懒不得。真正想对朱自清做点研究，是在 2001 年，当时我在一家报纸的文学副刊做编辑，对于副刊知识也了解了一些，知道许多文学大师当年的文章都是发表在各种文学副刊上的。于是便想下点功夫，搞了几个专栏，有特色的是《苍梧片影》等，也有整版的关于连云港名人或地方文化的专刊。在编发这些稿件的时候，总是想着要写一篇关于朱自清的文章，恰好文友刘成文先生也有这个意向，我们便合作了一篇，文章的题目已经忘了，当时发了一个整版，还配了几幅图片。文章发表后，受到不少朋友的鼓励和好评，想再接再厉，多写几篇，为此还专门到海州老城，去寻访朱家当年在海州的居住地，寻找旧海州衙门的遗址，查相关的志书，试图从中寻找出朱自清祖父在海州做官时的蛛丝马迹。这还不算，还到处搜集关于朱自清的研究成果和相关书籍，就连扬州市政协文史委编辑的文史资料，涉及朱自清的部分，也都努力搜求。虽然后来没有继续研究，文章也没写几篇，但通过这样的工作，对朱自清又有了更多的了解，崇敬之情也加深了一层。

真正坐下来专心研究朱自清，还是在2013年下半年。我的所谓"研究"，实际上就是更多的阅读，包括朱自清的原著，早年的自编文集和后来出版的各种版本的作品集，各种纪念集和他逝世后师友、学生写的种种纪念文章，同时也着手写点心得体会。由于我是半路出家，也摸不到研究的门径，所写的文章都是随笔性质的。把相关的几篇"串"在一起，便是这本小书的源起。

陈　武

2018年3月2日

目录

初到一师 ……………………………………… 1

任职扬州省立八中及其"风波" …… 10

和叶圣陶订交于中国公学 ………… 20

一师的诗情画意 …………………… 31

台州一年 …………………………… 45

由《毁灭》而开展的"人生"问题
　　的讨论 ………………………… 59

温州的踪迹 ………………………… 73

秦淮桨声寻灯影 …………………… 84

一篇《"义战"》引发的感怀 ……… 93

朋友白采 …………………………… 107

春晖映照白马湖 …………………… 117

附　录

我是扬州人 …………………………… 141

求学北大 ……………………………… 167

参考书目 ……………………………… 181

初到一师

1920年5月，朱自清从北京大学哲学系毕业。

机会留给有准备的人。此话在朱自清身上再一次得到验证。朱自清从北京大学毕业不久，就到浙江一师任教了。

朱自清能到浙江一师任教，还要从浙江一师的学潮说起。1920年年初，一师的学生施存统在《浙江新潮》上发表《非孝》一文，对孔孟之道发起攻击，触怒了当局，浙江省教育机构、省议会指责校方和教师支持学生运动，要解聘作为"四大金刚"的四名国文教员刘大白、夏丏尊、陈望道、李次九，并且还要罢免校长经亨颐。此事让一师学生特别愤怒，坚决反对撤换校长和四位老师，掀起了轰动全国的学生运动，甚至还轰走了准备继任的校长。当局动用武力，派警察包围并企图解散学校。经过学生的激烈斗争，当局的计划未能得逞。但校长和"四大金刚"却因此而相继去职。后在北京大学代理校长蒋梦麟的调停下，风潮得以平息。就这样，朱自清在蒋梦麟的推荐下，和俞平伯一起去了一师，和刘延陵、王祺一起又并称"后四大金刚"。

这次任教，对于朱自清来说，是他人生中的重要一步，不仅是高起点的工作，还结识了一批趣味相投、学问精深且性格同样温和、厚道、笃实的终生好友。

刚踏上教师岗位，讲课自然是主要的工作，或许是由于天性使然，也或许是由于过于认真谨慎，朱自清无论是备课还是讲课都一丝不苟，以至于到了刻板的程度。他的学生魏金枝先生在《杭州一师时代的朱自清先生》里回忆说："他那时是矮矮胖胖的身躯，方方正正的脸，配上一件青布大褂，一个平顶头，完全一个乡下土佬。说话呢，打着扬州官话，听来不甚好懂，但从上讲台起，便总不断地讲到下课为止。好像他在未上课之前，早已将一大堆话，背诵过多少次。又生怕把一分一秒的时间荒废，所以总是结结巴巴地讲。"这段话很形象，也很生动，把朱自清的身材、长相、穿着以及讲课的神态，都淋漓尽致地表现了出来，同时也从一个侧面说明他对所教课程的重视，虽然略有结巴，却不愿荒废掉一点时间，"然而由于他的略微口吃，那些预备好了的话，便不免在喉咙里挤住。于是他就更加着急，每每弄得满头大汗"。当时的一师学生，高年级的同学"大的竟有二十七八岁……普通的都是二十里外，这对一个大学新毕业二十二三岁的先生，在外表上确乎是一个威胁，所以一到学生发问，他就不免慌张起来，一面红脸，一面结结巴巴地作答，直要到问题完全解决，才得平舒下来。就为了这缘故，倒弄得同学们再也不敢发问；真的要问，也只好跑到他的房间里去问了"。跑到房间里又怎么样呢？魏金枝继续写道："他也还是那样局促不安的神情，全是一副乡下小户人家待客那样巴结的局面，让座，倒茶，勤勤恳恳地招待，规规矩矩的谈话，全无那时一师脱落形迹的风气。"这段话，并不是对朱自清的奚落或贬低，相反地，却是极高的评价。那个紧接着"五四"的时代，有不少的大学毕业生，一踏上社会便趾高气扬、不可一世，炫耀、浮夸之风在一部分学校中大有人在，就连一师的风气也是"脱落形迹"的。魏金枝也不无感叹地说："那时，一切泡沫，都可以冒充浪潮。"而朱自清近乎苛刻的严谨，为人师表的作风，却像另类的阳春白雪。朱自清有学历、有学问，也是一位在全国渐有名气的新诗人，他在学生面前不恃才傲物，不目空一切，不盲目自大，而是像"小户人家待客那样"面对学生，还给学生让座、倒茶，这是一种谦逊的君子风度。那么年轻就能做到这样，真是殊为不易啊，对学生的成长，势必也会有很大的影响。

曹聚仁在《哭朱自清先生》里是这样描写的："朱先生踏进了教室，他并不知道我们在这里玩了一年多道尔敦制，国文课便是社会问题讨论课；他刚出大学的门，一本正经上课；他口微吃，讲得很快，很吃力，一头大汗，而我们的反应，非常'淡漠'。在我们徘徊于大而无当的社会问题讨论与一本正经的文艺之间，十字街头，无所适从。"又说："我们谈到朱先生，不禁想起他那双胖胖的温润的手，手背上十个小窝。他是敦厚笃实的人，什么纸糊帽子都不大合他的头寸，用我常用的考语来说，他是开明型的思想家。"

郑振铎在《哭佩弦》一文中，也进一步证实了他的这一做人和讲课的风格。他写道，朱自清"从不肯马马虎虎地教过去。每上一堂课，在他是一件大事。尽管教得很熟的教材，但他在上课之前，还须仔细地预备着。一边走上课堂，一边还是十分的紧张"。接着又说："这样负责的教员，恐怕是不多见的。"为什么"紧张"？

就是一种负责的精神，一种忧患的意识——生怕讲不好，势必会更多地用功，更努力地讲好。

和俞平伯的结识，无疑是朱自清来一师任教的重要收获。俞平伯1918年就开始在《新青年》上发表新诗了，此后在《新青年》《新潮》等报刊上常有新诗、散文发表，甚至还在《新潮》上发表了两篇白话小说。俞平伯的成就，对于朱自清来说，相当于"同学老前辈"了，所以刚成为同事，朱自清便将自己手订的新诗集《不可集》拿给俞平伯看，算是请教吧。这是一本"手抄本"，是朱自清自己的创作集，大约不少诗还略显稚嫩吧。俞平伯后来说："在杭州时，我开始做新诗，朱先生也正开始做，他认为我的资格比他老，拿他做的新诗给我看，他把他的诗名为'不可集'，用《论语》'是知其不可而为之欤'的意思，近似适之先生《尝试集》的含意。这个集名还是没有用，但我们的关系却一天一天的深了。"俞平伯也是谦逊的，他把自己放在和朱自清平等的位置上，实际上，俞平伯虽然比朱自清小两岁，毕业却比朱自清早一年，发表作品的时间也确实比朱自清更早，而且一出手就是在颇受瞩目的《新青年》杂志，加上他的家学背景和的处事作风，朱自清自然会从心底里钦佩俞平伯了。从此，两位青年正式订交，经常一起讨论新诗的创作和发展，二人的作品也层出不穷，轮番发表。我注意查阅了那一时间朱自清和俞平伯的诗文创作，从1920年9月开始，至1921年6月，朱自清共创作新诗《不足之惑》《纪游》《送韩伯画往俄国》《北河沿底雪》《自白》《依恋》《冷淡》《心悸》《旅途》《人间》《湖上》《转眼》共十二首，俞平伯创作了《送辑斋》《潮歌》《题在绍兴柯岩照的相片》《乐观》《在路上的恐怖》《无名的哀思》《屡梦孟真醒来长叹作此寄之》《腊梅和山茶》《太湖放歌》《哭声》《黄鹄》《莺儿吹醒的》《北京的又一个早春》《风尘》《不知足的我们》《俳谐愤言》《春里人的寂寥》《破晓》共十八首。二人的创作成果都很丰硕。他们虽然之前都创作了不少新诗，但自从相交于浙江一师后，在相互探讨和鼓励之下，创作都呈现了"井喷"的态势。

新诗那时候还是时髦东西，从胡适的第一首白话诗开始，也不过三四年的光景，新诗还不太成熟，许多诗人都在探讨学习中，朱自清能够和好友共同研习新诗，共同进步，实在是遇上了好时机。此外，二人还有多篇散文、评论和其他杂稿。俞平伯开始了对《红楼梦》的研究。朱自清更是写出了小说《新年的故事》和《别》。

《别》在朱自清不多的小说作品中，是较成熟的一篇。这篇小说写毕于1921年5月5日，发表在7月10

日《小说月报》第十二卷第七号上。小说描写了一个青年教师和他的妻子因为生活所迫，不得不分手的故事。小说故事质朴，笔调委婉、细腻。不久后，这篇作品就被收入"文学研究会丛书"第五种《小说汇刊》（商务印书馆1922年5月版），有了更多的读者。结合朱自清当时的家庭生活，小说有可能源自他自己的心路历程。朱自清刚来一师时，是偕妻子和长子朱迈先一同前来的，在写这篇小说时，妻子正待产（长女采芷生于5月8日）。而他教书所赚的薪水，除了留下小部分自己花销外，大部分都寄给了扬州的老家，负担很重。这篇小说也算是"有感而发"吧。小说发表后，引起了不小的反响，茅盾说："就我看来，《别》是一篇极好的小说，但一般人或许要说他'平淡'。"（《评〈小说汇刊〉》，1922年7月11日《文学旬刊》）陈炜谟也说："他这篇《别》如他的诗一样，初看起来似乎平淡，但仔细咀嚼，就像吃橄榄一样，觉得有味了。"（陈炜谟《读〈小说汇刊〉》，1922年12月10日《小说月报》第十三卷第十二号）一直以来，朱自清别的作品被多次研究，却鲜有人研究他的小说，这多半因为是朱自清早年以诗和散文见长，特别是散文，后来以学术名世，小说创作不再继续了，就是一些文学选本也不再关注他的小说，甚至一些年轻的读者，都不知道朱自清还写过小说。好在中国书籍出版社在"中国书籍文学馆——大师经典"书系里有一本《朱自清精品选》（2014年6月出版），收了两篇小说，一篇是《笑的历史》，另一篇就是《别》，弥补了这一缺陷。

刚刚工作的朱自清，虽然家累较重，还要教书、创作，但毕竟是年轻人，参加学生的聚会，和学生一同出游，和好友谈诗论文、荡舟西湖，等等，必是少不了的。"明圣湖边两少年""随时结伴小游仙"，就是说他和俞平伯的。绍兴旅杭同乡会他也参加了几次，虽然他出生海州，长在扬州，但籍贯上一直填着浙江绍兴，绍兴同乡会的活动他自然十分热心，他为同乡会主办的小型报纸《越声》撰写了发刊词。杭州的名胜景点也常常出现朱自清的身影，西湖自不必说，他的那首《湖上》新诗，就是他在游西湖时，看到游船上一群天真烂漫的少女给人们带来的喜悦。天竺山、灵隐寺、韬光、玉泉、北高峰等他都去玩过。他的新诗《纪游》，写的就是和学生张维祺游天竺等地的事。杭州好玩的地方太多了，仅一个天竺，就可好好地待上半天，"韬光可观海，天竺则观山"。山湖丽景是杭州最美的景色，徜徉在天竺山麓，会被四周诱人的山峦秀色所迷惑。从灵隐合涧桥旁循路而行，山色扑面而来，盆景一样移步换景，崖陡谷深，曲润幽静，间或有溪水淙淙，山岚云影如彩带般飘忽而过，时而如立轴画屏，时而又如泼墨写意，极富山林情趣。朱自清和朋友们流连于此，自然会激发灵感，诗兴大发了。如果有朋友来访，他更是悉心接待。川岛从北京来杭，"住在钱塘江边南星的一个类似过塘行的小客栈里"。朱自清劝他搬到了西湖边的一家条件较好的旅馆里。照料、指导，还陪他一起逛西湖，为他解决问题，"上天下地的谈"，真无微不至。（《不应当死的又死了一个——悼佩弦》）

初踏上社会的朱自清，就来到新文化气氛甚浓的浙江一师，这既是他一生服务于教育界的开始，也是他文学创作的出发地，同时他在这里结识了一批志趣相投的朋友。

大约是在这年夏，二弟朱物华从扬州八中毕业，同时被南京高等师范和上海交通大学录取。朱鸿钧希望朱物华能读师范，将来可以像朱自清一样教书。但朱物华喜爱工科，想读上海交通大学。朱自清得知二弟的志向后，支持二弟的选择，还省吃俭用从自己不多的薪水中拿出钱来资助二弟的学业。朱自清此举，成就了朱物华在中国科学界的地位。他在获得清华"庚款留美"资格后，入麻省理工学院、哈佛大学，获得博士学位，最终成为一名著名的科学家和中国水声学奠基人之一。

任职扬州省立八中及其"风波"

朱自清在杭州一师教了一学年书，于第二年暑假（1921年）回扬州度夏时，因家庭因素，受聘于江苏省立第八中学，担任教务主任。

江苏省立第八中学是朱自清的母校，前身叫扬州两淮中学，习惯上称"扬州八中"。

朱自清是1912年从扬州安徽旅扬公学高小毕业考入八中的，他在许多文章中都提到过"安徽旅扬公学"这所小学，在《我是扬州人》一文中还特地说到他的小学老师："我的英文得力于高等小学里的一位黄先生，他已经过世了。还有陈春台先生，他现在是北平著名的数学教师。两位先生讲解英文真清楚，启发了我学习的兴趣。"朱自清这里用"清楚"二字，而且是"真清楚"，简朴又明朗，接着又提到他私塾的老师戴子秋先生，"也早过世了，我的国文是跟他老人家学着做通了的"。这里的"做通"也很妙。如果换一种说法，可能要有一堆文字来叙述，还不一定说得清楚，这"做通"简直就是神笔。"国文"，即"本国的文学及作品"。1905年清朝废除科举制后，办新式学堂，唯一保留的中国传统科目就是"国文"。但是，普通人对"国文"的理解却又多一层意义，即"国学"和"语文"的合称，前者通常是指以先秦经典及诸子学术为根基，涵盖了两汉经学、魏晋玄学、宋明理学和同时期的汉赋、六朝骈文、唐宋诗词、元曲与明清小说等一套特有而完整的文化、学术体系，甚至还包括历史、思想、哲学、地理、政治、经济乃至书法、绘画、音乐、术数、医学、星相、建筑等所涉及的范畴。那么"国文"这门博大精深、备受重视的学科，朱自清掌握得怎么样？年轻的朱自清轻描淡写又不无自信地说，"做通了"。"做通了"国文的朱自清以优秀的高小毕业生的身份考入了省立八中，成为八中一名出类拔萃的优等生。他的老师李方谟先生在《我记忆中的朱自清先生》一文中描述道："我在江苏省立第八中学任乙四年级续任时，他正做乙四年级的学生，坐在教室门内第一座……他个子不高，圆圆的脸长得很结实，不苟言笑，不曾缺过课，他在那时喜看说部书，便自命为文学家。毕业时，校中给予品学兼优奖状。"从这段文字中，至少得出四个结论，一是长相，二是性格，三是爱好，四是学问。

高等小学毕业就做通了国文，又是北京大学的高才生，并经过杭州一师一年教学的历练，朱自清无论是自己的内心还是给人的印象，都是极严谨而自信的，于是，当1921年暑假受聘于母校时，许多人都对他怀有景仰之情。这时候的朱自清意气风发、心情舒畅，做事也和他的性格一样严肃而认真。他的学生余冠英在《悲忆佩弦师》里，有一段形象的描写："我初次见到朱佩弦先生是在民国十年（1921），那时他新就聘扬州江苏省立第八中学教务主任，我是正要投考那个学校的小学生。就在办报名手续时认识了他，他给我的印象是矮，微胖，很和气。同时我的小学教师洪为法先生带着另一个孩子也来报名，出乎意外的他们争执起来，似乎关于保证书有什么问题，一方要求通融，一方坚执不允。结果是洪先生悻悻而去。当时我觉得这位教务主任表面谦和，实在是很严厉的。"当时还是孩子的余冠英印象没错，严谨、严厉、认真甚至较真，贯穿了朱自清的一生。写到这里，我不禁想起关于朱自清和好友俞平伯交往的几个片段。

之一是俞平伯嫌薪水不够花，跟已是系主任的朱自清要求加工资，朱自清当然没有答应。也许在俞平伯看来，他们是好朋友又是北大校友，他还是朱自清的学兄（俞平伯虽比朱自清小，却比他早一年毕业于北大），而朱自清能到清华教书，还是俞平伯介绍的，要求增加一点工资应该是能够解决的吧。没想到被朱自清一口回绝。俞平伯面子上抹不过去，要求辞职，当然也是辞不掉的。之二是北平沦陷期间，俞平伯率一家老小苦居北平，因只在私立大学代很少钟点的课，收入很低，生活很拮据，很无奈。恰巧有周作人的约稿，便在几家报刊上发表文章，虽然署了笔名，还是没有逃过远在西南联大任教的朱自清的眼睛。朱自清一眼就看出这些报刊都有日伪背景，深感忧虑，担心他被别人所利用，毫不犹豫，千里驰书，要他立即罢手。俞平伯的文章都是些文史随笔或读书笔记之类，原以为既应付了老师，又能拿些微薄的酬金，经朱自清提醒，方知问题的严重，便不再在这些报刊上发表文章了。所以，以朱自清的性格，既然做了母校的教务主任，就要负起责任来，新学生"保证书"不过关，当然不允许入学了。

但是也正是他严肃认真且耿直的态度，让他告别了八中。究竟是什么原因让颇想在母校做一番事业的朱自清"愤而辞职"呢？在杂感《憎》里，朱自清告诉了我们事情的原委：

  ……同事们多是我的熟人，但我于他们，却几乎是个完全的生人；我遍尝漠视和膜视底滋味，感到莫名的孤寂！那时第一难事是拟订日课表。因了师生们关系底复杂，校长交来三十余条件；经验缺乏、脑筋简单的我，真是无所措手足！挣揣了五六天工夫，好容易勉强凑成了。却有一位在别校兼课的、资望深重的先生，因为有几天午后的第一课和别校午前的第四课衔接，两校相距太远，又要回家吃饭，有些赶不及，便大不满意。他这兼课情形，我本不知，校长先生底条件里，也未开入；课表中不能顾到，似乎也情有可原。但这位先生向来是面若冰霜，气如虹盛；他的字典里大约是没有恕字的，于是挑战底信来了，说什么既难枵腹，又无汽车；如何设法，还希见告！我当时受了这意外的、滥发的、冷酷的讽刺，极为难受；正是满肚皮冤枉，没申诉处，我并未曾有一些开罪于他，他却为何待我如仇敌呢？我便写一信覆他，自己略略辩解；对于他的态度，表示十分的遗憾：我说若以他的失当的谴责，便该不理这事，可是因为向学校的责任，我终于给他设法了。他接信后，上诉于校长先生。校长先生请我去和他对质。狡黠的复仇的微笑在他脸上，正和有毒的菌类显着光怪陆离的彩色一般。他极力说得慢些，说低些：为什么说便该不理呢？课表岂是钦定的么？——若说态度，该怎样啊！许要用请愿罢？这里每一个字便像一把利剑，缓缓地，但是深深地，刺入我心里！——他完全胜利，脸上换了愉快的微笑，侮蔑地看着默了的我，我不能再支持，立刻辞了职回去。

从这篇文章中已经完全知道事情的因果了。诱发朱自清辞职的，是八中一位老资历的教师，他因在另一所学校兼课，两校相距又比较远，影响了他吃午饭。这实在是一场误会，因为初来乍到的朱自清并不知情，排课时没有考虑到这层因素，校长也没有提醒，所列的三十多个注意事项里也没有注明。但朱自清接到老先生的信后，还是立即做了调整，并给老先生回了封信。可老先生得了信，仿佛得到了朱自清"失职"的证据，不依不饶、盛气凌人地告到了校长那儿。老于世故的校长不做解释，并曲意袒护了那位老先生。朱自清对对方那"刺入我心里"的完全胜利的微笑难以接受，只好愤而辞职。

朱自清对扬州有着深切的情感，虽然不喜欢扬州人的"小气"和"虚气"，但那里毕竟是他的成长之地，私塾、小学都在那里度过，留下很多美好的记忆，特别是四年八中的学习生活，不仅使他心智逐渐地成熟，扬州东方古典式的文化生活也渗透到他的精神世界里，更让他留下了许多美好的记忆。小学时他曾和几个小伙伴准备到庙里去打桃子吃，结果桃树正是开花的季节，桃子没吃成，喝了一肚子茶而归。中学时喜欢逛书铺，买书、读书一时成了他的"嗜好"，他在《买书》里曾写道："家里每月给零用一元。大多数都报效了一家广益书局，取回些杂志及新书，那老板姓张，有点儿抽肩膀，老是捧着水烟袋；可是人好，我们不觉得他有市侩气。他肯给我们这班孩子记账。每到节下，我总欠他一元多钱。他催得并不怎么紧；向家里商量商量，先还个一元也就成了。那时候最爱读的一本《佛学易解》（贾丰臻著，中华书局印行）就是从张手里买的。那时候不买旧书，因为家里有。只有一回，不知哪儿检来《文心雕龙》的名字，急着想看，便去旧书铺访求：有一家拿出一部广州套版的，要一元钱，买不起；后来另买到一部，书品也还好，纸墨差些，却只花了小洋三角。"所以朱自清从杭州一回扬州，便在父亲的关照下（朱父和八中校长是老相识）近乎迫不及待地应聘到母校，本想干一番事业的，他甚至还满怀激情地为八中写了校歌。没想到却当头挨了一棒，这一棒，让朱自清着实清醒了不少。但说起辞职的原因，他也并未隐瞒，在给俞平伯的信里如是说："我在八中因为太忙了，教员学生也都难融洽。几经周折，才脱身到此。现在在中国公学教国文……"

事实上，朱自清离开八中还有一层因素，也算是"风波"之一吧，即经济上不能独立。朱自清在《笑的历史》里，对家庭经济从宽裕到困难，有一个大致的描述——早先，因为祖父积攒了些钱财，加上父亲一直做小官，有固定的收入，"家里的钱是不缺的，大家都欢欢喜喜的过着"。但好景不长，祖父因被敲诈病逝后，父亲也于1917年丢了官差，断了经济来源，此后两三年时间里，一家人靠支借生活，朱自清自然是看在眼里的。所以当在一师工作后，他便将自己收入的一半寄给了家中。"他们哪里会满意！况你的寄钱，又没有定期，家里等着用，又是焦急！婆婆便只向我啰嗦，说你怎样不懂事，怎样不顾家，怎么样只管自己用。""前年暑假你回来了，身边只剩两个角子，婆婆第一个不高兴，她不是尽着问你钱到哪里去了么？你在家三天，她便唠叨了三天，你本来不响的，后来大约忍不住了，也说了几句。她却和你大吵，第二天，你赌气走了。"可见婆媳关系的紧张，不是因为别的，就是因为经济紧张。

朱自清就是在这样的情形下，应聘到八中的。朱自清父亲是个老式的家长，他竟要求校长把儿子的工资直接送回家，不给朱自清一定自主支配权。朱自清当然是难以接受的。

算起来，从暑假聘于扬州八中，到开学不久后就辞职（给俞平伯写信是9月23日，那时候他已经到上海中国公学任教了），满打满算也就三个月时间，却让朱自清认识了一些人的面孔，这给初踏上社会的朱自清上了一堂深刻的社会生活课，也为他此后的工作生活积累了经验，从这个角度去看，在八中的经历也算是一件好事吧。所以，当不久之后，他在上海北站看到一张破芦席下盖着一个"劳动者底尸体"，又自然地联想起了在八中的遭遇，这才有杂感《憎》的问世，才披露了他离开八中的真实的原因。这篇文章发表于当年11月4日的《时事新报》副刊《学灯》上，署名柏香，连载了几次才结束。

这篇文章不仅让我们了解了朱自清在八中一段短暂而难忘的经历，也让我们看清了那个时代一些人的真实面目，看清了人世间普遍存在的心灵隔膜与骨子里的敌意。如果朱自清逞一时之能，留在八中，和那些人"斗争"下去，甚至也和家庭"斗争"下去，也许他会取得一时的胜利，但他的志向不是仅做一个中学教师，他有更宏大的理想。

和叶圣陶订交于中国公学

上海的中国公学，在二十世纪初至二三十年代可谓鼎鼎大名，陆续设有大学部、中学部和小学部，不但汇集了于右任、马君武、梁启超、陈伯平等一代代名师俊杰，还有先后毕业于该校的胡适、郭纲琳、冯友兰、吴晗、何其芳等许多著名人士。沈从文也曾在该校任教并爱上在这里念书的张家三小姐张兆和，留下传世佳话。校歌更是出自于右任、马君武二位元老之手，歌词曰：

众学生，勿彷徨，以尔身，为太阳，照尔祖国以尔光，尔一身，先自强。修道德，为坚垒；求知识，为快枪。

众学生，勿彷徨。尔能处之地位是大战场。尔祖父，思義黄，尔仇敌，环尔旁。欲救尔祖国亡，尔先自强！

1921年9月中旬，经在杭州一师时的同事也是好友刘延陵介绍，朱自清只身从扬州前往上海，来到中国公学中学部任教员。当时的中国公学地处吴淞口，紧挨烟波浩渺的江海结合部，风光十分美丽。在1921年10月3日给俞平伯的信中，朱自清对中国公学有一段更细致的散文式的描写："公学在炮台湾，离吴淞还有一站路。炮台湾是乡间地方，弥望平畴，一碧无际，间有一二小河，流经田野中，水清波细，活活底有声音，走近了才可听得，正是'幽甜到不可说了哩'！少有人处，小鸟成群上下，见人也不惊避。黄浦江在外面日夜流着。江岸有水门汀砌成，颇美丽可走。岸近处便是黄浦与长江合流之所。烟水苍茫，天风浩荡；远远只见一条地平线弯弯地横陈着，其余便是帆影笛声，时一闻见而已。每当暮霭四合时，或月色晶莹时，临江伫立，正自令人有'振衣千仞冈'之感。你若能来，我们皆大欢喜。"这封信带有明显的"诱惑"之意，也可见朱自清此时的心情多么明快和爽朗。

当时的俞平伯还在浙江一师任教，正准备赴美留学的考试，在和顾颉刚频繁通信中，已经萌生了研究《红楼梦》的念头，并积极开始了准备，刚写了一篇《石头记底风格与作者底态度》，买了一本嘉庆乙丑年刊本《红梦复梦》，又在杭州站城书店买了《读〈红楼梦〉杂记》等书，甚至一度萌生了办一个研究《红楼梦》月刊的想法，理想正大着呢。

想"诱惑"好朋友去做同事（抑或只是游玩），不仅是因为中国公学附近的风光好，还有一层因素，是他所在的中学部有好多熟人，刘延陵自不必说了，朱自清刚去不久，刘就介绍他认识了叶圣陶。叶圣陶是这年1月4日成立的文学研究会十二个发起人之一，已经在新文学创作上取得了可观的成绩。大约是这年的4月，朱自清也加入了文学研究会，入会号为五十九号。身处同一个文学社团，二人应该是互相景仰、惺惺相惜了。能和叶圣陶在上海成为同事，朱自清是十分喜悦的。但二人的初一见面，却颇有意思，朱自清在《我所见的叶圣陶》里，回忆了那天见面的情形，刘延陵"和我说：'叶圣陶也在这儿。'我们都念过圣陶的小说，所以他这样告我。我好奇地问道：'怎样一个人？'出乎我的意外，他回答我：'一位老先生哩。'但是延陵和我去访问圣陶的时候，我觉得他的年纪并不老，只那朴实的服色和沉默的风度与我们平日所想象的苏州少年文人叶圣陶不甚符合罢了"。

这是朱自清对叶圣陶最初的印象：服装的颜色是朴素的，风度是沉默的，而且并不老。老，当然是玩笑话了。叶圣陶和刘延陵同龄，都只比朱自清大四岁，只有二十七岁，刘用"老先生"称呼，实际上并不是说叶圣陶年龄老，而是敬称，指叶圣陶少年老成，做事沉稳，不急躁，有定性。而朱自清在未见之时，想象中的叶圣陶是一个写小说的风度飘逸的"苏州少年文人"。这样的"不甚符合"的反差，却让朱自清从情感上更向他靠近了。接着，朱自清是这样描述叶圣陶的：在与人独对的时候，总是要谈这谈那，愿意发表自己的观感，但在与大家聚谈的时候，不与别人辩论，更不要说面红耳赤地争执了。朱自清极为欣赏叶圣陶的性格和做派，在这段时间的相处中，少不了经常在一起喝酒聊天，谈诗说文，"谈这谈那"，就是无所不谈嘛。朱自清曾在《赠圣陶》中有这样的句子："我始识君歇浦旁，羡君卓尔盛文章。讷讷向人锋敛芒，亲炙乃窥中所藏，小无町畦大知方，不茹柔亦不吐刚。"诗中对叶圣陶的描写可谓十分精准，叶圣陶藏锋、内秀的性格，还有作者对叶圣陶文章的羡慕，都清晰地跃然于纸上。

叶圣陶比朱自清要早来一段时间，对中国公学周围的环境也极为欣赏。叶圣陶在1921年10月22日致周启明（周作人）的信中说："今秋钧入中国公学，海滨景色，很足愉悦。江口的涛声，傍晚鲜明难描的云彩，成为每日相伴亲的伴侣。不过教中学生远不如小学生亲密可爱耳。"（《读书》杂志1980年第11期《书叶小集》，作者姜德民）叶圣陶虽然喜欢这儿的环境，身边更有投缘的朋友，但毕竟家还在苏州的角直，只能每个周末回家小住。不过他在校时也会常和朋友去江边散步，特别是对到校不久的朱自清，更是像大哥一样多有关照，这对还没有完全融入同事中的朱自清而言，当然是求之不得的好事啦。

初来乍到的朱自清，除了正常的教书和给朋友写信，恐怕很多时候都和叶圣陶、刘延陵一起去江海边走走玩玩，欣赏江潮海涛，远眺白云蓝天。对于这里的美丽风光，朱自清在1921年10月3日给俞平伯寄的一张明信片上，有详细的描写。朱自清逝世三十周年时，俞平伯找出这张明信片，作了按语说："草草书成，语语明清，可作集外文读。"朱自清和朋友们散步之余，也会论及这几年兴起的新文学，谈话相当痛快。这一时期，朱自清的诗作文章当然也没有少写。因为从现成的资料看，那段时间朱自清写了不少稿子，比如新诗《自从》、评论《民众文学谈》，后者发表在 1921 年 10 月 10 日《时事新报》附刊《文学旬刊》（双十赠刊）上，该文认为，"民众文学包含两层意思：一是民众化的，即以民众的生活理想为中心的通俗化的文学，民众化外，便无文学；二是为民众的文学，即文学者所写的为民众喜闻乐见的、旨在提高改善民众知识和精神的文学。这两种文学中，所可能实现的，只有后者"。这篇文章还引起了俞平伯的不同意见，并引发了几个月的讨论，详情将在下一篇重点探讨。这一时期的叶圣陶也写作和发表了不少稿子，比如小说《先驱者》《饭》《义儿》《云翳》等，还有大量的新诗和戏剧。

在《我所知道的叶圣陶》中，朱自清还生动地描写了这样一件事：叶圣陶"辛辛苦苦保存着的《晨报》副张，上面有他自己的文字的，特地从家里捎来给我看；让我随便放在一个书架上，给散失了。当他和我同时发见这件事时，他只略露惋惜的颜色，随即说：'由他去末哉，由他去末哉！'"

就在这样的不断交往碰撞中，他们有了一个在中国新诗史上留下印迹的大胆计划，即编辑出版《诗》月刊。据刘延陵在多年后回忆说："有一天下午，我们从海边回学校时，云淡风轻，不冷不热，显得比往日尤其秋高气爽。因此，我们一路上谈兴很浓；现在我也不记得怎么一来，我们便……谈到新诗，谈到当时缺少专载它们的定期刊，并且主张由我们来试办一个了。""马上写了一封信寄给上海中华书局的经理，征求该书局为我们计划中的刊物担任印刷与发行。几天后接到回信，邀我们于某一时刻，访问该书局编辑部的左先生，谈商一切。我们如约而往，谈了一个小时就达成协议。"（刘延陵《〈诗〉月刊影印本序》）有了这个具体的目标，几个心怀远大理想的文学青年，便不亦乐乎地分头忙碌起来。

然而，就在这时候，学校兴起了风潮。

中国公学的风潮，起因并不复杂，或者只是针对新派教员的。当时，中国公学老派教员的势力非常强大，为抵制新派教员的改革，鼓吹、煽动学生闹起了风潮。风潮的矛头直指叶圣陶、刘延陵、朱自清、常乃德等八名新派教员，并要驱逐代理校长张东荪和中学部主任舒新城。学生罢课，并捣毁办公室，声势不小。张东荪足够强硬，贴出布告，开除带头闹事的学生。学生也不示弱，撕毁布告，并指控张东荪"摧残教育""压迫学生"。闹得不可开交时，张东荪采取极端措施，率警察驱赶闹事的学生，双方就此发生了冲突。为了表示抗议，朱自清向刘延陵提议中学部停课。朱自清担心叶圣陶未必赞成。"但是出乎我的意外，他居然赞成了！后来细想他许是有意优容我们吧；这真是老大哥的态度呢。我们的办法天然是失败了，风潮延宕下去；于是大家都住到上海来。"当时他们还起草了一份《中国公学中学部教员宣告这次风潮之因果始末》，该文正是由叶圣陶起草并发表在1921年10月21日的《时事新报》上的，联名的八位教员除朱自清外，还有叶绍钧、常乃德、刘建阳、陈兼善、吴有训、刘延陵、许敦谷。一个提议停课，一个起草因果始末，可谓精诚的合作了。在这次风潮中，朱自清和叶圣陶所显示出的共同的品格和决心，让他们从泛泛之交进而成为相互欣赏的终生好友。朱自清更是从叶圣陶的"和易"中，发现了他性格中的另一面而格外敬重。"他又是个极和易的人，轻易看不见他的怒色。……他的和易出于天性，并非阅历世故，矫揉造作而成。他对于世间妥协的精神是极厌恨的。在这一月中，我看见他发过一次怒；——始终我只看见他发过一次怒——那便是对于风潮的妥协论者的蔑视。"（《我所见的叶圣陶》）

住到上海后的情形怎么样呢？用朱自清的话说，"这一个月实在是我的一个很好的日子"。是啊，在避居上海的一个月里，朱自清不但认识了文学研究会另一位重量级人物郑振铎，还认识了周予同等同道，重要的是，他和叶圣陶几乎天天见面。聊文学，谈创作，继续讨论《诗》月刊并积极筹办、约稿，仅从现存的创刊号目录看，就有刘半农、王统照、郑振铎、郭绍虞、徐玉诺、汪静之以及编者叶绍钧、俞平伯、刘延陵的原创诗，还有周作人、茅盾等人的译诗、译文。朱自清也有《转眼》和《杂诗三首》发表，阵容可谓十分强大。也正是创刊号的分量，从第一卷第四号开始，《诗》月刊成为文学研究会的定期刊物。

在朱自清感叹"很好的日子"的中国公学时期，他接连写出了《民众文学谈》《自从》《杂诗三首》《黑暗》等，翻译泰戈尔《源头》，还写作了散文《憎》《歌声》等，这些作品，大部分陆续发表在《诗》月刊上。

如果说"风潮"在一个层面上给了这批年轻的教师一点经验的话，风潮期间的重要收获就是酝酿的《诗》月刊的编辑出版，使他们积累了编辑、出版、发行方面的经验，这是当事人料想不到的。

当然，这次学潮还有后话，就是邵力子和胡适之都说了公道话。邵力子这位民国元老在1921年10月24日《民国日报》发表《中国公学风潮平议》一文，善意地提醒八位教员想一想"'君子爱人以德'的古训"，似乎有偏向学生一方的意思。胡适在自己的日记里则说："上海中国公学此次有风潮，赶去张东荪，内容甚复杂；而旧人把持学校，攻击新人，自是一个重要原因……他们攻击去的新教员，如叶圣陶，如朱自清，都是很好的人。这种学校，这种学生，不如解散了为妙！"胡适的话更偏向于新派老师。我比较赞同胡适先生的话，因为青年教师在校时间都不长，朱自清满打满算也就才两个月，还要扣除停课一个月，在短暂的任教过程中，会出现什么问题？胡适用"甚复杂"一笔带过，又肯定朱、叶是"很好的人"，可见不是因为教学方式不同，主要还是"旧人"容不得"新人"的顽固思想在作祟。

2009年暑假开始，我因事在上海住了几个月，在九月末的初秋时节，应朋友之约，驱车去吴淞炮台湾湿地森林公园游玩。从地理位置上看，这里离中国公学旧址应该不远，而湿地公园就是当年朱自清、叶圣陶、刘延陵共同散步的江海交汇之处。林子很大，树种有水杉和香樟，都是人工新植的多，一条条弯弯曲曲的柏油路在林中绕来绕去，浓荫中隐藏着一块块水塘和河泽，清澈的水面上漂着少许的植物。林子里有许多鸟，旁若无人地在茂密的枝叶间跳来跳去。林下有栈道，铺在湿地上，也是蜿蜒的，在林子里曲曲折折，绵延不断。在栈道上漫步，可以近距离地观看花草树木，观看各种小鸟在沼泽和水塘里嬉戏。江边还有挡浪的气势宏伟的水泥大堤。吴淞口外的长江是江海交汇之处，岸边有一簇簇的芦苇，芦苇上方有成群的海鸥飞翔。从这里眺望，真是"烟水苍茫，天风浩荡"，十分震撼。难怪当年年轻的朱自清、叶圣陶、刘延陵会被这里的自然景观所感动，进而诗情大发，萌生了创办刊物的冲动。

一师的诗情画意

　　可能和杭州真的有缘吧，还是在中国公学风潮期间，朱自清和叶圣陶就应邀担任了晨光文学社的顾问。邀请他们的是汪静之和潘漠华。汪静之在《自传》里披露说，1921年下半年，是他和潘漠华，邀魏金枝、赵平福（柔石）、冯雪峰等同学和杭州其他几个中学的学生成立了这个较早的文学社团。社员中，汪静之和潘漠华已经在一些报刊上发表了新诗作品。朱自清和叶圣陶能够被他们邀请，足见他们在青年人当中的号召力了。

　　和受邀担任晨光文学社顾问形成呼应的是，中国公学的风潮在胡适的调停下刚结束，朱自清和刘延陵就返回浙江省立第一师范任教了——或许这就是冥冥之中的安排吧。对于朱自清来说，这个"暑假"有些长，居然还在扬州八中和中国公学两所学校工作了一段时间，所经历的人事纠葛大约是他事先没有想到的。和无数刚出校门的青年人一样，这也许是他成长道路上必经的磨砺吧。

1921年11月18日傍晚时分，一列沪杭客车上，朱自清临窗而坐，听着咣咣当当的车轮声，看着窗外萧条的田野阡陌、冷落的河岔湖泊、苍茫的远天暮云、一闪而过的竹园孤树，还有晚归的昏鸦，回顾两个月的风风雨雨，有旧友相逢的喜悦，有初交新知的激动，也有风潮喧哗的郁闷，朱自清内心的诗情悄悄涌动着，禁不住写下了一首《沪杭道上的暮》。诗很短，只有四句：

> 风澹荡，
> 平原正莽莽，
> 云树苍茫，苍茫；
> 暮到离人心上。

尽管诗人即将到他熟悉的学校，即将见到更多的朋友，但中国公学的风潮毕竟不是什么光彩的事，而且新交的好友叶圣陶没有和他一同前往，也令他不快。诗中，作者毫不保留地表达了忧郁不快的惆怅情绪，那昏沉的暮云沉沉地压在心头，如莽莽荒原上秋风过处般凄凉。

　　杭州到了，浙江一师的同学们热情地欢迎他，特别是晨光文学社的社员们，见到了他们的顾问、导师，其激动和喜悦之情自不待言。据冯雪峰回忆说：晨光文学社的活动很多，"常常是在星期日到西湖西泠印社和三潭印月等处聚会，一边喝茶，一边相互观摩各人的习作，有时也讨论国内外的文学名著；出版过作为《浙江日报》的副刊之一的《晨光》文学周刊，发表的大都是社员的作品"。"尤其是朱先生是我们从事文学习作的热烈的鼓舞者，同时也是'晨光社'的领导者。"

　　更让人喜出望外的是，俞平伯因为要赴美留学而辞去了一师的教职，校长马叙伦立即找到刚刚到校的朱自清，委托他礼请叶圣陶到一师任教。朱自清喜出望外，立即写信相邀。叶圣陶接到信后，毫不犹豫就回信接受了邀请。叶圣陶在信中还展望了见面后的计划："我们要痛痛快快游西湖，不管这是冬天。"据朱自清在散文《我所知道的叶圣陶》中披露，"他来了，教我上车站去接"。朱自清知道叶圣陶的"家实在太好了，他的衣着，一向都是家里管。我常想，他好像一个小孩子；像小孩子的天真，也像小孩子的离不开家里人。必须离开家里人时，他也得找些熟朋友伴着；孤独在他简直是有些可怕的"。

而且朱自清还知道，叶圣陶在"车站这一类地方，是会觉得寂寞的"。接站时的情形，少不得二人热情诉说小别十余天来的情形，小酌一杯更是少不了的。叶圣陶爱喝，经常喝一碗黄酒佐餐，遇到心仪的好友，就是喝至微熏也是有可能的，更何况杭帮菜又很合朱、叶二人的口味，打几斤老酒，弄几碟下酒的小菜，一边品着老酒，一边诉说分别以来的挂念，讨论各自新作的文章，问问相熟的朋友，就是相互关心对方的家庭、孩子也是在情理之中的。

叶圣陶到了一师，是不是接替俞平伯的课程不太清楚。叶圣陶和朱自清同室而卧，共用一间书房，是叶圣陶提议的——学校本来单独分给叶圣陶一间宿舍，由于在中国公学风潮中建立的感情，也由于想有更多的聊天的机会，叶圣陶提议把两个人的宿舍做一个整合，把朱自清的那间做两人共用的书房，把自己的那间做二人的起居室。朱自清欣然同意。想必两个人的宿舍相距很近，抑或就是门挨着门，从书房到宿舍，从宿舍到书房，来往都很方便。从此之后，新文学史上的两位重要人物便开始了一段同室共眠、同室写作、同室畅怀深谈的难忘岁月。

杭州气候温润，有好茶好水、好山好湖，更有美食佳酿，二人或在安逸的校园宿舍里读书写作、谈古论今；或在柳岸西湖，弄几碟船菜，荡舟于湖中，一边小酌，一边喁喁小谈，真是惬意啊。朱自清在为俞平伯的散文集《燕知草》所作的序里说："西湖这地方，春夏秋冬，阴晴雨雪，风晨月夜，各有各的样子，各有各的味儿，取之不竭，受用不穷；加上绵延起伏的群山，错落隐现的胜迹，足够教你流连忘返……"有这样的好景致，再和相知的好友在一起，必定有说不完的话。说不完的话，到最后就是无话。难怪几年之后，叶圣陶到上海工作，在《记佩弦来沪》一文中，对自己巴望朱自清来上海，而来了又一时无话可说深感"自责"，这种自责当然不是因为"无话可说"，而是因为有一肚子话却不知从何说起。他是这样说的："佩弦来了，一遇于菜馆，再遇于郑家，三是他来我家，四呢，就是送他到车站了。什么也没有谈，更说不到'细'……也颇提示自己，要赶快开个谈话的端。然后端既没有，短短的时光又如影子那样移去无痕，于是若有所失地又'天各一方'了。"其实这是友谊到一定程度后的更深的情感，好比"此时无话胜有话"。接着，叶圣陶对杭州的那段难忘岁月，有这样的记录和议论：

晤谈的愉悦从哪里发生的呢？不在所谈的材料精微或重大，不在究极到底而得到结论，而在抒发的随意如闲云之自在，印证的密合如呼吸之相通，如佩弦所说的"促膝谈心，随兴之所至"。能说多少，要说多少，以及愿意怎样说，完全在自己手里，丝毫不受外力牵掣。这当儿，名誉的心是没有的，利益的心是没有的，只为着表出内心而说话，说其所不得不说。在这样的进程中只觉得共同找到胜境似的，愉悦也是共同的。那一年岁尽日晚间，与佩弦同在杭州，彼此都不肯休歇，电灯熄了，点起白蜡烛来，上床躺着还是谈。后来佩弦说一首小诗作成了，就念给我听：除夜的两支摇摇的白烛光里，我眼睁睁瞅着，一九二一年轻轻地蜷过去了。

朱自清和叶圣陶的性格都偏向内敛，却是"能说多少，要说多少"，哪怕见面不说话，只要见就行。朱自清在《我所见的叶圣陶》里，也有关于杭州这段生活的诗意般的描述：

我自然也乐意，我们不时到西湖边去；有时下湖，有时只喝喝酒。在校时各据一桌，我只预备功课，他却老是写小说和童话。初到时，学校当局来看过他。第二天，我问他，"要不要去看看他们？"他皱眉道："一定要去么？等一天吧。"后来始终没有去。他是最反对形式主义的。

那时他小说的材料，是旧日的储积；童话的材料有时却是片刻的感兴。如《稻草人》中《大喉咙》一篇便是。那天早上，我们都醒在床上，听见工厂的汽笛；他便说："今天又有一篇了，我已经想好了，来的真快呵。"那篇的艺术很巧，谁想他只是片刻的构思呢！他写文字时，往往拈笔伸纸，便手不停挥地写下去，开始及中间，停笔踌躇时绝少。他的稿子极清楚，每页至多只有三五个涂改的字。他说他从来是这样的。每篇写毕，我自然先睹为快；他往往称述结尾的适宜，他说对于结尾是有些把握的。看完，他立即封寄《小说月报》；照例用平信寄。我总劝他挂号；但他说："我老是这样的。"他在杭州不过两个月，写的真不少，教人羡慕不已。《火灾》里从《饭》起到《风潮》这七篇，还有《稻草人》中一部分，都是那时我亲眼看他写的。

看来，叶圣陶提议的"同室而卧"收到了显著的效果，叶圣陶短篇小说和童话里的许多重要篇章，都是出自这一时期，可谓大获丰收，可见这一时期叶的心情之好、文思之清晰。到了1922年2月，叶圣陶应北京大学蔡元培和中文系主任马裕藻的聘请，任北京大学预科讲师，主讲作文课，和他的创作成果不无关系。但在和朱自清同室共眠的这一时期的大丰收，无疑丰富了他到北大任教的资历。朱自清同样也创作颇丰，新诗《挽歌》《星火》《静》《睁眼》《除夜》，评论《民众文学的讨论》，等等，也出自这一时期。

在创作上相互促进，在学问上不断精深，游玩也必不可少。这年的12月14日，朱自清和叶圣陶、伯唐兴致勃勃地夜游了西湖。这一天正是阴历11月16日，湖静，月圆，一叶小舟，轻荡在西湖里，月华如银，软波轻漾，朦胧中的远山水墨一样洇在湖面上，湖岸上灯火点点，树影婆娑，叶圣陶触景生情，口占两句："数点星灯认渔村，淡墨轻描远黛痕。"这是朱自清在《冬天》一文中披露的。虽然只有两句，也可见当时谈得多么投机，西湖的夜月美景，触动了诗人心里的弦，才会让诗人诗情萌发，脱口而出吧。但接下来，大家都不说话了，任由清冽的月光照射在身上，任由均匀的桨声轻响在耳畔，划破这静夜的缠绵。直到伯唐"喂"了一声，大家才来了精神。眼前就是净慈寺了，船夫问要不要去进一看。这天是阿弥陀佛的生日，寺院里很热闹，当然要进去了。于是，弃舟登岸，来到寺里，诵经声，佛号声，还有木鱼铜磬声，错落地旋绕着佛殿，金身的释迦牟尼庄严而又肃穆，和湖上的轻风夜月相比，又完全是另一种情境了。这美丽的西湖夜景，必定让年轻的诗人勾留很晚方才回去，同居一室的他们，肯定又会有一番夜话的。"西湖风冷庸何伤，山色水光足徜徉。归来一室对短床，上下古今与翱翔。"这是朱自清《赠圣陶》诗里的句子。共同的兴趣，上下古今的深谈，"能说多少，要说多少……丝毫不受外力牵掣"，谈到兴浓处，"一缕愉悦的心情同时涌起，其滋味如初泡的碧螺春"（叶圣陶《记佩弦来沪》），如此推心置腹，让他们友谊的纽带越发牢固了。

朱自清和叶圣陶"击桨联床共曦月"的日子虽然只有两个多月，但，在他们两个人的情感深处都留下了永远也磨不去的印痕，他们在各自的多篇诗文中都有描写，直到五十三年后，叶圣陶还在长词《兰陵王》中情致哀怨、言未出而泪先下地回忆那段难忘的时光：

　　猛悲切。
　　往怀纷纭电掣。

西湖路、曾见恩招，击桨联床共曦月。

相逢屡间阔。

常惜、深谈易歇。

明灯座、杯劝互殷，君辄沉沉醉凝睫。

……

这首词，情绪浓烈，势大力沉，非大手笔不能为之。仿佛穿越时空一样，年轻的朱自清从记忆中走来，不仅让叶圣陶沉迷、回味不已，就是一般读者也被感染了，两个人"杯劝互殷"和朱自清那"沉沉醉凝睫"的神态，更是历历在目。

那时候的朱自清，年少成名，意气风发，才华逼人，除了担任晨光文学社的顾问，加入了文学研究会，还加入了中国少年学会；除了和朋友们办《诗》月刊外，还和鲁迅、周作人、沈雁冰、叶圣陶、许地山、王统照、冰心等十七人被《小说月报》聘为"本刊特约文稿担任者"，相当于今天的特约撰稿人，享受了很高的待遇。

这期间，还发生了一件有意义的事，即对"民众文学"的讨论。这要从朱自清在1921年10月10日的《时事新报》副刊《文学旬刊》（双十增刊）上发表的《民众文学谈》说起。俞平伯在看到这篇文章后，不同意他的观点，写《与佩弦讨论"民众文学"》一文进行商榷。俞平伯说：朱佩弦"以为文学底鹄的，以享受趣味，是以优美为文学批评的标准，所以很想保存多方面的风格，大有对于贵族底衰颓，有感慨不能自已的样子。至于我呢，则相信文学虽可以享乐，安慰，却决不是他底唯一使命，唯一使命是联合人间底关系，向着善的路途"。俞平伯还希望，朱自清"做提倡民众文学底健将"，不做"保存故物底大功臣"。俞平伯的这篇文章发表在11月12日《时事新报》副刊《文学旬刊》第19号上。朱自清看了好朋友的讨论文章，当然要给予回应了。讨论的文章同样发表在《时事新报》副刊《文学旬刊》上，而且分两次续完。朱自清的这篇文章，主要是对俞平伯提出的不同意见的答复，核心都是如何看待民众文学。这在当时具有重大的现实意义，文学研究会的多位作家都对此表现了足够的兴趣，郑振铎还在他主编的《文学旬刊》中辟出专号组织讨论，郑振铎、许宝驹等多人都撰写了文章。更有意思的是，叶圣陶也参与了讨论。如前所述，叶圣陶此时正和朱自清同在杭州，同在一校，同居一室，同用一间书房，还经常一同游山玩水、喝酒聚谈，有没有在这些时候讨论"民众文学"呢？答案是肯定的。一方面，"民众文学"是他们共同的话题，另一方面，俞平伯又是他们共同的朋友，再者，他们又都是文学研究会的会员，这样的讨论一定是不会少的。果然，不久之后，叶圣陶的文章《民众文学的讨论·三》也发表在1922年2月15日《文学旬刊》第二十六期上了。

朱自清和俞平伯的友情，在这次讨论中，越发地深厚了。俞平伯在准备赴美留学的这段时间里，北京和杭州两地跑，还到苏州痛痛快快玩了几次，和朱自清一直保持密切的通信联系。比如在京期间，在《晨报》副刊上读到署名巴人的连载小说《阿Q正传》，每周或隔周刊登一次，俞平伯很喜欢。他12月19日启程回杭州后，还写信让北京的家人把报纸陆续寄给他。载完后，俞平伯仍然回味不尽，写信向朱自清打听《阿Q正传》的相关情况。12月31日，朱自清与叶圣陶、许宝驹为赴美留学的俞平伯送行，一起合影留念。俞平伯诗集《冬夜》也在这一时期编好，朱自清应俞的邀请，准备为诗集写序，并于1922年1月23日在扬州禾稼巷家中，完成了《〈冬夜〉序》。俞平伯在《〈冬夜〉自序》里也十分感激地说：这本书朱自清出力不少，"在付印前，承他底敦促；在付印之中，帮了我许多的忙"。

浙江一师学生汪静之的第一本诗集《蕙的风》已经编好，即将由上海亚东书馆出版。朱自清是这本爱情诗集的第一个读者，应汪静之的邀请，他为《蕙的风》写了序言。朱自清在序里对诗集给予了客观的评价："小孩子天真烂漫，少经人世间底波折，自然只有'无关心'的热情弥漫在他的胸怀里。所以他的诗多是赞颂自然，咏歌恋爱。所赞颂的又只是清新、美丽的自然，而非神秘、伟大的自然；所咏歌的又只是质直、单纯的恋爱，而非缠绵、委屈的恋爱。"

在一师的半个学期里，《诗》月刊也正式和读者见面了。这是"五四"之后第一家专门发表新诗和新诗评论的刊物，发起者正是朱自清、刘延陵、叶圣陶三人。他们是在上海中国公学的江海边上就萌发了办刊的想法并开始筹备的。真正着手进行，是他们到了杭州以后。上海当时已经是新文化的中心之一，杭州离上海很近，朱、刘、叶利用各自的关系约稿组稿，再加上俞平伯，还有晨光文学社的诗人，杭州新诗的力量也不小，稿子编得很快，创刊号于1922年1月15日正式面世。奇怪的是，主编是叶圣陶和刘延陵，并没有出现朱自清的名字，编辑发行也打上"中国新诗社"之名。后者因为发行需要，可以理解，前者就让人纳闷了，为该杂志出力甚多的朱自清居然不是主编之一。多年以后，朱自清在《选诗杂记》（《朱自清全集》第四卷）里说：《诗》月刊怕早被人忘了。这是俞平伯、刘延陵、圣陶和我几个人办的；承左舜生先生的帮助，中华书局给我们印行。那时大约也销到一千外。……几个人里最热心的是延陵，他费的心思和功夫最多。"既然刘费的心思最多，而叶圣陶又是老大哥，朱自清礼让他们出任主编也就在情理之中了。俞平伯在1959年出版的《文学知识》第5号上也撰文说：《诗》月刊"实际上负责编辑责任的是叶圣陶和刘延陵"（《五四忆往——谈〈诗〉杂志》）。不管怎么说，在西子湖畔诞生的《诗》，凝聚了朱自清的诸多心血，同时也是西子湖畔浪漫的事情之一。曹聚仁说："朱自清、刘延陵所熏陶的文艺空气，直到后一级才开花，乃有汪静之、张维祺、潘训、冯雪峰诸兄，湖畔诗人那一伙（魏金枝兄也是一师学生，朱先生的弟子）。俞平伯先生只教了半年书，朱先生倒教了两年。"

在1921年年末和1922年年初的西子湖畔，汇聚了以朱自清、叶圣陶、俞平伯为代表的一批"五四"时期涌现出来的新文人，一时间成为全国新文学界的亮点。

台州一年

从扬州到杭州，一般要乘小火轮渡江，经镇江再选择汽车或火车。返程也是这样，朱自清往返两地，每一次都很辛苦。

1922年2月初，寒假刚过不久，江南还春寒料峭，河里的水草还未翘头变绿，园中桃李的枝头才鼓出一点点苞芽。春的讯息虽还完全没有感受到，朱自清心里却温暖如春——他偕贤妻武钟谦和一双可爱的儿女，带着简单的行李，赶往杭州一师了。扬州离杭州虽然不太远，交通却不便捷，如果走水路，要花费更多时间。所以朱自清一般都在镇江乘沪宁铁路的客车，经上海再转沪杭线。无论是在船中，还是在火车上，朱自清一家既辛苦又快乐，毕竟小家就要组织起来了。对于朱自清来讲，爱人、子女在身边，省去生活上的不少不便和烦恼，他可以把更多的精力用在工作和创作上。

还是在 1921 年 5 月，朱自清写过一篇小说《别》，讲述的正是一对年轻的夫妇重逢后因经济原因又不得不分别的故事。小说写得细腻、委婉、动情，小说中的青年教师和带着孩子、怀着身孕千里探访的妻子，是不是有他们小夫妻的影子呢？至少在个人情感上，这种分离的痛苦朱自清感同身受过。所以，朱自清不怕生活的压力，坚定地带上妻小一同前往杭州了。

小家刚一安顿好，朱自清就接到浙江六师校长郑鹤春的邀请，要他去台州教书了。

台州离杭州还有一段距离，也不比杭州的繁华。为了增加收入补贴家用，也是因为盛情难却，朱自清只身前往。朱自清在《一封信》中描写了初到台州的情形："我第一日到六师校时，系由埠头坐了轿子去的。轿子走的都是僻路；使我诧异，为什么堂堂一个府城，竟会这样冷静！那时正是春天，而因天气的薄阴和道路的幽寂，使我宛然如入了秋之国土。约莫到了卖冲桥边，我看见那清绿的北固山，下面点缀着几带朴实的洋房子，心胸顿然开朗，仿佛微微的风拂过我的面孔似的。到了校里，登楼一望，见远山之上，都幂着白云。四面全无人声，也无人影；天上的鸟也无一只。只背后山上谡谡的松风略略可听而已。那时我真脱却人间烟火气而飘飘欲仙了！"

可以说，台州迷人的景色，算是给朱自清一个很好的见面礼。

朱自清初到台州，面对新的环境，并没有感到陌生，甚至有种自然的亲近感。六师校长郑鹤春是青年教育家，早年（1917年）毕业于武昌高等师范学校，有作为也有开拓精神，和朱自清关系不错，朱自清的教书大约也是顺风顺意的。工作舒心，创作上更没有松懈，朱自清接连写了新诗《笑声》《灯光》《独自》等，同时对于当下新文学作品有颇多不满。在不断阅读和思索中，对自己的创作也表示了担忧，甚至对岁月流逝和生命匆匆特别惶惑。1922年3月26日在致俞平伯信中，朱自清坦率地表达了自己的心情："日来颇自惭愧。觉得自己情绪终觉狭小，浅薄，所以常要借重技巧，这真是极不正当的事！想想，很为灰心，拟作之稿，几乎想要搁笔——但因'敝帚自珍'底习气，终于决定续写了！以后颇想做些事业，抉发那情绪的错，因为只有狭小的情绪，实在辜负了我的生活了！"

话虽然这样说了，却还是有种力量在催着他，教他停不下手中的笔，把自己的思想传播于大众。于是又说："日来时时念旧，殊低回不能自已。……因了惋惜的情怀，引起时日不可留之感。我想将这宗心绪写成一诗，名曰《匆匆》。"那时候，还没有"散文诗"之说。《匆匆》发表在1922年4月11日《时事新报》副刊《文学旬刊》上。对于这篇别具一格的"散文诗"，朱自清颇为得意，在13日致俞平伯信中说："《匆匆》已载《文学旬刊》，兄当已见着。觉可称得散文'诗'否？"又说："我的《匆匆》，一面因困情思繁复，散较为适当，但也有试作散诗的意思，兄看我那篇有力竭铺张底痕迹否？"朱自清把《匆匆》称为"散诗"，实在是新颖别致的提法，这大约就是散文诗的发轫之作了。全文不长，引述如下：

　　燕子去了，有再来的时候；杨柳枯了，有再青的时候；桃花谢了，有再开的时候。但是，聪明的，你告诉我，我们的日子为什么一去不复返呢？——是有人偷了他们罢：那是谁？又藏在何处呢？是他们自己逃走了罢：现在又到了哪里呢？

　　我不知道他们给了我多少日子；但我的手确乎是渐渐空虚了。在默默里算着，八千多日子已经从我手中溜去；像针尖上一滴水滴在大海里，我的日子滴在时间的流里，没有声音，也没有影子。我不禁头涔涔而泪潸潸了。

去的尽管去了，来的尽管来着；去来的中间，又怎样地匆匆呢？早上我起来的时候，小屋里射进两三方斜斜的太阳。太阳他有脚啊，轻轻悄悄地挪移了；我也茫茫然跟着旋转。于是——洗手的时候，日子从水盆里过去；吃饭的时候，日子从饭碗里过去；默默时，便从凝然的双眼前过去。我觉察他去的匆匆了，伸出手遮挽时，他又从遮挽着的手边过去，天黑时，我躺在床上，他便伶伶俐俐地从我身上跨过，从我脚边飞去了。等我睁开眼和太阳再见，这算又溜走了一日。我掩着面叹息。但是新来的日子的影儿又开始在叹息里闪过了。

在逃去如飞的日子里，在千门万户的世界里的我能做些什么呢？只有徘徊罢了，只有匆匆罢了；在八千多日的匆匆里，除徘徊外，又剩些什么呢？过去的日子如轻烟，被微风吹散了，如薄雾，被初阳蒸融了；我留着些什么痕迹呢？我何曾留着像游丝样的痕迹呢？我赤裸裸来到这世界，转眼间也将赤裸裸的回去罢？但不能平的，为什么偏要白白走这一遭啊？

你聪明的，告诉我，我们的日子为什么一去不复返呢？

1922年3月28日

朱自清是第一个发问"时间都去哪儿了"的现代作家吗？《匆匆》所表现的，就是这样的主题，"燕子去了，有再来的时候；杨柳枯了，有再青的时候；桃花谢了，有再开的时候"。诗人几笔勾勒出一个简约而充满诗情的画面，没有为赋新词强说愁，也没有停留在春景的描绘上，而是直接将读者带进自己营造的氛围中，接受一种"时间"情结的感染，同时又暗示：这画面里呈现的大自然的荣枯，是时间飞逝的痕迹。"聪明的，你告诉我，我们的日子为什么一去不复返呢？"是被谁"偷了"还是"逃走"了呢？"像针尖上一滴水滴在大海里，我的日子滴在时间的流里。"朱自清把自己八千多个日子比喻成"一滴水"，水消失在水里，看不见摸不着了。时间就是这么无情，生命也同样短暂，"洗手的时候，日子从水盆里过去；吃饭的时候，日子从饭碗里过去"，"我"还能怎么样？不禁"头涔涔""泪潸潸"了。从《匆匆》里，我们读出了作者的情怀，即无论谁，都要珍惜时光，从现在做起，不能只感叹时光的匆匆。当下是过去的继续，又是未来的准备。如果没有现在的努力，就没有未来的收获。

初到台州的短短两个月里，除了上述提到的文章和新诗，朱自清还发表了杂感《离婚问题与将来的人生》、诗论《短诗与长诗》。而和俞平伯的多封通信，事实上也是文章的另一种形式。仅从创作的勤奋来说，朱自清信守了他要珍惜时间的"承诺"。但他还是觉得自己的"力量"不足，不能和逝去的时光做持久的对抗，感到自己的作品进步不大。他在 4 月 13 日致俞平伯信中说："我因自己只能作嘤嘤之鸣，所以颇爱读别人浩浩荡荡、悲歌壮舞的作品，看了也格外契心。近来读白情诗（尤其是《鸭绿江以东》一类的作品），读《乐谱中之一行》，读屠格涅夫《前夜》底译本，皆足令我男儿之火中烧，深以倦伏为耻！但此情绪终难持久，故还是不能长进！"朱自清对自己的要求真是太严了。看了名家和同学（康白情）的好作品，深深感到自己的不足，甚至有一种耻辱感。

也许几个月后，他和俞平伯、郑振铎泛舟西湖时，萌发的关于人生价值的讨论，在台州就已埋下了种子吧。总体上讲，朱自清的性格属于内向型。但他内心自有一股涌动的潜流，有时也会掀起巨大的波浪，把潜藏的对于美好人生的热望激发出来，所以才有这种自愧弗如之感吧。

1922年4月26日，朱自清离开他执教两个多月的台州六师，返回杭州。这次回杭，主要是因为他和一师还有合约在身。此外，刚刚组织起来的小家庭还在杭州，他也想家了。如前所述，短篇小说《别》里的伤情，朱自清是深有体会的，他也实在是惦念着在杭州的妻子儿女啊。而六师的同学们又不希望他离开，纷纷表达对他的不舍。朱自清便向他们承诺，暑期后一定再回来。

果然，这年的9月，朱自清再次来到台州。这次和初来时不一样了，是携全家一同前来的。六师的学生们奔走相告，他们喜欢而崇拜的老师，不会再像上个学期那样教两个月就走了——家小都接来了。到了台州的当晚，就有学生来看他。由于一时还没有找到住所，便暂住在城里的一家叫"新嘉兴"的旅馆里，他不顾旅途疲劳和旅馆房间的狭小，和同学们畅谈很久，暑假的见闻，学校的生活，未来的展望，自己创作的打算，真是无所不包。

在旅馆住了一宿后，第二天他就在市区旧仓头找到了房子，房主姓杨。

台州这座钟灵毓秀、有山有水的江南小城，还有这里的人和事，如果不是特别喜欢，朱自清不会走了又来，给他留下的印象，自然是极好的，每当忆及，朱自清总饱含深情。多年后，他在散文《一封信》里深情地说："我不忘记台州的山水，台州的紫藤花，台州的春日……"又追忆道："说起紫藤花，我真爱那紫藤花！在那样朴陋——现在大概不那样朴陋了吧——的房子里，庭院中，竟有那样雄伟，那样繁华的紫藤花，真令我十二分惊诧！她的雄伟与繁华遮住了那朴陋，使人一对照，反觉朴陋倒是不可少似的，使人幻想'美好的昔日'！我也曾几度在花下徘徊：那时学生都上课去了，只剩我一人。暖和的晴日，鲜艳的花色，嗡嗡的蜜蜂，酝酿着一庭的春意。我自己如浮在茫茫的春之海里，不知怎么是好！那花真好看：苍老虬劲的枝干，这么粗这么粗的枝干，宛转腾挪而上；谁知她的纤指会那样嫩，那样艳丽呢？那花真好看：一缕缕垂垂的细丝，将她们悬在那皱裂的臂上，临风婀娜，真像嘻嘻哈哈的小姑娘，真像凝妆的少妇，像两颊又像双臂，像胭脂又像粉……我在他们下课的时候，又曾几度在楼头眺望：那丰姿更是撩人：云哟，霞哟，仙女哟！我离开台州以后，永远没见过那样好的紫藤花，我真惦记她，我真妒羡你们！"

不仅是紫藤花，台州别的景色也同样让朱自清难以忘怀："南山殿望江楼上看浮桥（现在早已没有了），看憧憧的人在长长的桥上往来着；东湖水阁上，九折桥上看柳色和水光，看钓鱼的人；府后山沿路看田野，看天；南门外看梨花——再回到北固山，冬天在医院前看山上的雪；都是我喜欢的。说来可笑，我还记得我从前住过的旧仓头杨姓的房子里的一张画桌；那是一张红漆的，一丈光景长而狭的画桌，我放它在我楼上的窗前，在上面读书，和人谈话，过了我半年的生活。现在想已搁起来无人用了吧？唉！"

朱自清一家四口在台州过了一个冬天。"台州是个山城，可以说在一个大谷里。只有一条二里长的大街。别的路上白天简直不大见人；晚上一片漆黑。偶尔人家窗户里透出一点灯光，还有走路的拿着的火把；但那是少极了。我们住在山脚下。有的是山上松林里的风声，跟天上一只两只的鸟影。夏末到那里，春初便走，却好像老在过着冬天似的；可是即便真冬天也并不冷。"（《冬天》）就是这么一个街道简朴的台州，却给朱自清带来诸多的美好记忆，特别是温馨的家庭生活，更让他久久不能忘怀。在《冬天》里，朱自清怀着欣喜的心情写道：

我们住在楼上，书房临着大路；路上有人说话，可以清清楚楚地听见。但因为走路的人太少了，间或有点说话的声音，听起来还只当远风送来的，想不到就在窗外。我们是外路人，除上学校去之外，常只在家里坐着。妻也惯了那寂寞，只和我们爷儿们守着。外边虽老是冬天，家里却老是春天。有一回我上街去，回来的时候，楼下厨房的大方窗开着，并排地挨着她们母子三个；三张脸都带着天真微笑地向着我。似乎台州空空的，只有我们四人；天地空空的，也只有我们四人。

……

妻子在旁、儿女承欢膝下的生活真让人羡慕啊——朱自清回家时，看到厨房的窗户里"并排地挨着她们母子三个；三张脸都带着天真微笑地向着我"。这个画面真是太美了。不要说朱自清把整个台州都看得"空空的，只有我们四人"了，就是多年后，我们在阅读时，同样能感受到一家人生活在一起的温馨和美满，能感受到朱自清一进家门，两个孩子便围上来的亲热劲儿。老大迈先已经能玩耍调皮了，女儿采芷尚小，也一岁多了，正牙牙学语，朱自清会抱起她，在她粉嘟嘟的小脸蛋上亲亲。至于能干而贤惠的夫人武钟谦，朱自清对她更是充满深情。"那回我从家乡一个中学半途辞职出走。家里人讽你也走。哪里走！只得硬着头皮往你家去。那时你家像个冰窖子，你们在窖里足足住了三个月。好容易我才将你们领出来了，一同上外省去。小家庭这样组织起来了。你虽不是什么阔小姐，可也是自小娇生惯养的，做起主妇来，什么都得干一两手；你居然做下去了，而且高高兴兴地做下去了。菜照例满是你做，可是吃的都是我们；你至多夹上两三筷子就算了。你的菜做得不坏，有一位老在行大大地夸奖过你。你洗衣服也不错，夏天我的绸大褂大概总是你亲自动手。"(《给亡妇》)

朱自清的散文名篇《冬天》大约写于1933年11月，文中写台州的冬天，写台州冬天一家子温暖的小生活，末了有这样的话："那时是民国十年（1921），妻刚从家里出来，满自在。现在她死了快四年了，我却还老记着她那微笑的影子。"又说："无论怎么冷，大风大雪，想到这些，我心上总是温暖的。"这样的怀念真让人动容。

然而，和许许多多多家庭一样，也和许许多多年轻的父亲一样，朱自清有时候也会生孩子们的气。朱自清在1928年6月24日写的散文《儿女》中提到两个孩子："我结婚那一年，才十九岁。二十一岁，有了阿九；

二十三岁，又有了阿菜。那时我正像一匹野马，那能容忍这些累赘的鞍鞴、辔头，和缰绳？摆脱也知是不行的，但不自觉地时时在摆脱着。现在回想起来，那些日子，真苦了这两个孩子；真是难以宽宥的种种暴行呢！阿九才两岁半的样子，我们住在杭州的学校里。不知怎的，这孩子特别爱哭，又特别怕生人。一不见了母亲，或来了客，就哇哇地哭起来了。学校里住着许多人，我不能让他扰着他们，而客人也总是常有的；我懊恼极了，有一回，特地骗出了妻，关了门，将他按在地下打了一顿。这件事，妻到现在说起来，还觉得有些不忍；她说我的手太辣了，到底还是两岁半的孩子！我近年常想着那时的光景，也觉黯然。阿菜在台州，那是更小了；才过了周岁，还不大会走路。也是为了缠着母亲的缘故吧，我将她紧紧地按在墙角里，直哭喊了三四分钟；因此生了好几天病。妻说，那时真寒心呢！"

这里的阿九就是长子朱迈先，阿菜就是长女采芷。朱自清对自己的"暴行"是怀着深深的忏悔之意的。

朱自清前后两次来台州，第一次只两个月多一点，第二次是整整一学期，除去中间在杭州的几个月，在台州的时间还不足一年，但在朱自清的人生长河中台州是极其重要的一站：把小家搬出来了；创作上也有可观的成果，《匆匆》和《毁灭》都是朱自清的代表作；还开始了他一生中最重要的一次讨论（关于人生和刹那主义）。

一年的台州生活，到 1923 年 2 月结束了，就像他在不断探寻人生的意义一样，他又踏上了新的旅途。据说，朱自清在台州亲手种植过一株紫藤。那是他喜欢的紫藤。每当紫藤花开时，那淡淡的馨香是否会飘过重山，萦绕于他的案头呢。

由《毁灭》而开展的"人生"
问题的讨论

白云中有我，

天风的飘飘，

深渊里有我，

伏流的滔滔；

只在青青的，青青的土泥上，

不曾印着浅浅的，隐隐约约的，我的足迹！

我流离转徙，

我流离转徙；

脚尖儿踏呀，

却踏不上自己的国土！

在风尘里老了，

在风尘里衰了，

仅存的一个懒恹恹的身子，

几堆黑簇簇的影子！

幻灭的开场，

我尽思尽想：

亲亲的，虽渺渺的，

我的故乡——我的故乡！

......

——朱自清《毁灭》

朱自清的《毁灭》可以称得上白话诗发展史上的第一首长诗。最初发表在 1923 年 3 月 10 日《小说月报》第 14 卷第 3 号上。王瑶在《中国新文学史稿》里评价说，这首诗是"'五四'以来无论在意境上和技巧上都超过当时水平的力作"。这样的评价是不过分的。

朱自清这首诗，萌芽于杭州西湖的夜游中。时间大约是在 1922 年 6 月上旬。这时候的西湖，水盈波轻，花盛草绿，蓝天上云白悠悠，湖岸边燕舞莺歌，初夏虽至，天气还不甚炎热，最适合游览，也是夜游的最好节气。朱自清那天夜游西湖，起因大概是郑振铎从上海来到杭州，俞平伯和朱自清出面接待，饮酒吃茶之后，乘兴登舟，游赏西湖夜景。这学期开始，朱自清本来是在台州六师任教，因和一师还没有完全脱离关系，在一师校长马叙伦的要求和同学们的请求下，只好学期中期回来。4月26日，他从台州来杭前，对恋恋不舍的六师学生承诺，暑假后还会到六师来任教，还会和同学们打成一片。所以此时的杭州，对他来说，不过是暂时停留的地方，和一师的学生，还有好友如俞平伯，大约没少见面，也没少聊文学、聊人生、聊世相。这次陪郑振铎夜游西湖，朱自清也不会想到，竟是一连游了三个夜晚。具体聊些什么，不得而知，但可以肯定的是，就是这次畅游和毫无顾虑的交谈，激发了诗人的感慨，触发了长诗《毁灭》的写作动机。朱自清深情地说："因湖上三夜的畅游，教我觉得飘飘然如轻烟，如浮云，丝毫立不定脚跟。常时颇以诱惑的纠缠为苦，而亟亟求毁灭。"（《毁灭·小序》）可见，交往和游历，特别是和心仪的朋友倾心长谈，会激发诗人内心深藏的诗情。这次游览，俞平伯也有小诗一首——《倦》。俞平伯没有写出像《毁灭》这样的长诗来，可能是他此时正热心《红楼梦》研究的缘故吧。这次夜游后能诞生一首不朽的《毁灭》，已经足够了。

杭州我去过几次，好地方也跑过不少，当然也少不了到西湖去逛逛，印象最深的是西湖边上一家挨一家的茶楼。有一次，也效仿古人夜游西湖，而且留下深刻印象，那便是在 2009 年春夏之交，和朋友们在杭州玩了几天，品过了龙井，看过了九溪十八涧，有一天晚上在西湖边的一家饭店吃完饭，带着微微的酒意，去湖边散步。同行的有作家李惊涛、张亦辉、李建军，摄影家陈庆港，等等。此时正是晚上八九点钟的样子，湖上有微风轻轻吹来，捎着湖面湿湿的水汽，拂在脸上，柔柔爽爽，清新怡人。湖边有高大的绿叶树，树下是花草绿化带，紧贴着湖水。路灯的光影特别稀薄，辨别不出树木和花草的面目，只是影影绰绰的。但是，在路灯朦胧的照耀中，透过绿化带和不知何种植物的宽阔的叶，可以看到湖面上一盏盏的灯，以及微微光晕照射下的夜晚的湖，湖里闪动的波光忽明忽暗的，待仔细一瞧，原来是一艘艘小船。船上有挑起的灯笼——便是那点点微光了。或有三两好友坐在船头，或是一对情侣相依而坐，他们都在湖面上慢吞吞地漂移，船尾的船夫，小半天才轻划橹桨，也是悄无声息般的轻，怕惊动了湖的好梦。也有的在喁喁小谈，或响起曼妙的嬉笑声。偶尔有返航的快船，从他们身边快速地穿过。奇怪的是，返航快船的船夫们划船的声音也极小，轻得几乎忽略不计，完全不像要去赶另一趟生意。我们几个人呆呆地伫立在湖岸，看着浩渺

朱自清在江南的五年

的夜色下无际的湖水，任湖风在我们皮肤上轻柔滑过。远处便是城市灿烂的灯火，那里肯定人声喧哗、车水马龙。而湖里游船上的人能在城市一隅，消闲这片刻的宁静与湖光水色的曼妙，实在是难得啊。

不知怎地，我一下子穿越到了民国初期的西湖，那时候，俞平伯家住在湖楼，即俞楼，那是一幢精巧的建筑，名气太响了，是他曾祖父授课著书的地方。年轻的俞平伯能够住在这里，能够以湖山为伴，真是莫大的幸福啊。连带地，他的许多好友，郑振铎、叶圣陶，也有朱自清，才能够经常成为湖楼的座上宾，泛舟湖上，倾心长谈……

朱自清和好友一连三日的夜游，谈话想必十分投缘，否则不会一而再，再而三地流连在西湖。但依他们各自的个性，能够想象他们雅集时的情形和在小舟上畅聊的样子，或许也会有争执，或许也会有不同的感慨，气氛总之是融洽的，就像这西湖的水一样温润。就是在这样看似不经意的闲谈中，朱自清思想的火花开始跳跃、闪烁，产生了关于人生意义的思考。

《毁灭》的种子既然在西湖温润的夜色中种下了，便渐渐开始了萌发。暑假期间，朱自清接连参加社会活动。比如1922年7月初时的一连三天，在西湖游船上，他热情参加了少年中国学会第四次会员大会，并担任大会书记，负责记录。7月7日上午和俞平伯同行至上海，下午兴致勃勃去拜访郑振铎，8日参加文学研究会召开的"南方会员会"，有郑振铎、沈雁冰、叶圣陶、胡愈之等十九人，晚上在一品香聚餐，欢送俞平伯赴美考察，9日和郑振铎、刘延陵一起去码头送别俞平伯，一直忙到21日，才携家眷回扬州过暑假。一连串的忙碌，没有停止他的思索，特别是在归家途中所乘的小火轮上，目睹民众为求生存而痛苦挣扎的情景，深有感触，写下了小诗《小舱中的现代》，对他们深表同情，同时也对社会现状产生了疑惑。这首小诗算是《毁灭》的预热吧。

也正是在扬州的假期里，朱自清酝酿已久的《毁灭》逐渐在脑海中形成轮廓，再经过细密的发酵后，他满怀激情地开始了写作。但扬州的家里琐屑事实在太多，而且还可能有不顺心的事情，因此只写了开头，便被迫放下了。朱自清在《毁灭》小序中也有说明，"暑假回家，却写了一节"。时间真快，一晃一个假期就过去了。9月初，朱自清携家眷赴台州，继续到浙江省第六师范任教，他的随行的包袱里，便有这写了一节的《毁灭》。朱自清的学生陈中舫回忆朱自清刚到台州的情形说："因为没有找到城里的住屋，所以他就在新嘉兴旅馆暂住一夜。我们约了几个朋友，趁夜去看他。……后来他摸摸他身边的袋子，打开一个小皮包，扯出一卷的稿纸给我们看，就是这篇《毁灭》的稿子。他说：'这是我在杭州游湖后的感想，我近来觉得生命如浮云轻烟，颇以诱惑为苦，欲呕求毁灭。此诗，这里只写成两节，全首还有许多，现在没有功夫及此。'"朱自清说的是实情，一旦工作了，是极其认真的，只在课余的短暂时间，才思考和写作，其间，还要和文友们通信，和学生交流。陈中舫接着说："或是凉风吹拂的清晨，或是夕阳斜睨着的傍晚，或是灯光莹莹的良夜；我们时常在他的楼上；时而质疑谈说；或是翻阅书报及一师的同学们寄来叫他批改的稿子；他又批改了我们不少的稿件，他又要编讲稿，又要看书报，所以他可以创作他自己的作品的时间很少。"（《朱自清君的〈毁灭〉》）

是的，忙碌、奔波，是那一时期朱自清的"主旋律"。这样的"旋律"一直延续着，连带着催生了他的《毁灭》的写作。

俞平伯在他的散文《东游杂志》第八节中说：六月"与振铎、佩弦等泛月西湖上，吹弹未毕，继以高歌，以中夜时分，到三潭印月，步行曲桥上，时闻犬吠声；其苦乐迥不相侔。是知境无哀乐，缘情而生，情化后的景物，方是人间之趣。形之歌咏，惟此而已"。这样的欢谈和歌咏，因俞平伯要到美国留学考察而告一段落。但他一直惦记着朱自清，1922年10月28日至30日，他在加拿大太平洋列车上，见窗外衰草金黄，不觉忆及"前与佩弦在吴淞言拟作一诗，名《黄金的薄暮》，恍如昨日，却又一年了"。待他11月回国后，即收到朱自清来信，开始讨论人生哲学和对生活的态度。朱自清在信中说："我自今夏和兄等作湖上之游后，极感到诱惑底力量，颓废底滋味，与现代底烦恼。……我一面感到这些，一面却也感到同程度的惆怅。因惆怅而感到空虚，在还有残存的生活时所不能堪的。我不堪这个空虚，便觉飘飘然终是不成，只有转向，才可比较安心——比较能使感情平静。于是我的生活里便起了一个转机。暑假中在家，和种种铁颜的事实接触之后，更觉颓废下去，于是便决定了我的刹那主义！……我第一要使生活底各个过程都有它独立之意义和价值。——每一刹那有每一刹那的意义和价值！……我们只需鸟瞰认明每一刹那自己的地位，极力求这一刹那里充分的发展，便是有趣味的事，便是安定的生活。"这可以说是朱自清的"顿悟"之语，"总之，平常地说，我只是在行为上主张一种日常生活的中和主义"。

"每一刹那有每一刹那的意义和价值"，这便是朱自清的顿悟所得。

我听过著名作家、清华大学教授格非先生的一个讲座，他在讲述托尔斯泰的《忏悔录》时，对托尔斯泰式的苦闷做了阐述。托尔斯泰认为，人生本来是无意义的。当人们意识到痛苦、衰老、死亡不可避免后，是不是就无法生活下去了呢？如何能使自己超脱尘世，并舍弃任何生存的可能性，是否只有自杀或产生自杀的念头呢？在目前的情况下，要想摆脱托尔斯泰那样的处境，大致有四种方法：一是浑浑噩噩，对于生命是罪恶和荒谬一无所知；二是寻欢作乐，因为知道了生命没有指望，便享用现有的幸福；三是使用暴力，是因为理解了生命是罪恶和荒谬之后，只有毁灭；四是无所作为，是因为理解了生命是罪恶和荒谬之后，继续苟延残喘。格非讲到这里，举了一个例子，也可能是《忏悔录》里的故事，他说，归根到底，人生的选择是有限的，因为当我们知道还有三十年或五十年，我们将离开这个世界时，那是何等的恐惧。但并不是说有了恐惧，我们就放弃生命，放弃快乐。他先举一个二战期间的例子，在集中营里，无数犹太人被赶往焚尸炉，在长长的队伍里，有一个十来岁的美丽小姑娘，她一边随着人流向前移动，一边手捧一本书，读得津津有味。一个士兵拦下她，问，你不知道你此时是干什么去的吗？小姑娘说，知道。士兵问，那你读书还有什么意义？小姑娘微笑着说，这本书好看，我还没有读完，我阅读是因为我喜欢，读书会给我带来快乐。格非说，这是二战电影里的一个镜头，当我们看到这里时，相信不管是谁都会泪水盈眶。那么托尔斯泰把一人置身在这样一个环境，一口深井里，有无数毒蛇，掉下去必死无疑，而在井口边，有一只凶狠的饿虎，也正等着填饱肚子。而此时，他双手吊在一根斜伸到井口上方的树枝上。危险暂时排除，因为井底的毒蛇咬不到，老虎也奈何不了。正在得意时，他看到树上有两只老鼠，一白一黑，正在慢慢地啃咬树干。尽管啃咬得很缓慢，但他知道迟早树干会被咬断，他会掉进井里，成为毒蛇的美味。正在他绝望时，在他头顶的上方的一个蜂巢里，流出的蜜已经流到他嘴边的一片树叶上。他开始伸出舌头，舔食树叶上的蜜，享受这片刻的快乐——片刻的快乐也是快乐啊！

格非先生的这段讲述，让我自然地对应了朱自清的"刹那主义"，"每一刹那有每一刹那的意义和价值"。朱自清在北大读的是哲学系。他对人生的思考，必定掺杂了哲学的思维，加之现实生活的启发，他才会产生这样的思想，才会把这样的思想想方设法地用诗歌来表现。朱自清就是这样在一边思索--边教学中，加紧了《毁灭》的写作。可以说，六师的同学们见证了朱自清这一阶段的工作。

1922年12月9日，他费时半年的力作《毁灭》终于完稿。陈中舫在《朱自清君的〈毁灭〉》一文里继续说："《毁灭》的原稿是每句分行写的；粘接起来，稿纸有二丈多长。他写完这稿，也没有重抄的工夫，所以我们于课余的时候，帮他重抄一份。"朱自清把稿子投给《小说月报》之后，对诗中表现的"人生"主题的思考并没有停止，"刹那主义"还在他心中萦绕不去，他继续思考，继续寻找答案。1923年1月13日，在致俞平伯信中，他说："至于这刹那以前的种种，我是追赶不回来，可以无庸过问；这刹那以后，还未到来，我也不必费心去筹虑。我觉我们'现在'的生活里，往往只'惆怅着过去，忧虑着将来'将功夫都费去了，将眼前应该做的事都丢下了，又添了以后惆怅的资料。这真是自寻烦恼！"

很快，《毁灭》便在1923年3月10日出版的《小说月报》第14卷第3号上发表，一时间，引起各方讨论，许多人纷纷撰写评论。4月10日，朱自清兴致不减，继续致信俞平伯，讨论人生问题。看来，他是一定要和这位知心好友把心中的苦闷弄得明明白白了。他在信中说："我们不必谈生之苦闷，只本本分分做一个寻常人罢。……这种既不执着，也不绝灭的中性人生观，大约为我们所共信。于是赞颂与诅咒杂作，自抑与自尊互乘，仿佛已成为没旨气、没趣味的人了。其实我们自省也还不至于如此。但在行为上既表现不出来，说得好一点是'和光同尘'，说得不客气些，简直是'同流合污'了。我们虽不介意于傥来的毁誉，但这样的一年一年的漂泊着，即不为没出息，也可以算得没味了。如何能使来年来月来日的生活，比今年今月今日有味些？这便是目下的大问题。"朱自清思考的问题，并不局限于他本人的境遇，但和他本人的境遇肯定是有关联的。他在北大读的是哲学系，而他的哲学观、人生观并不是钻在象牙塔里，而是直面现实，问题看似简单，却包含着复杂的社会因素。这时候的俞平伯，划时代著作《红楼梦辨》已经由上海亚东图书馆出版，正继续写作诗集《忆》里的部分篇章。在收到朱自清的信后，他也开始思索，并着手《毁灭》的评论写作。

这时候的朱自清和俞平伯，可谓双星闪耀，在文学的各个领域施展自己的才华，颇有相互追赶的意思。就在《毁灭》发表不久后，朱自清文学创作中的重要作品之一，也是他不多的短篇小说代表作《笑的历史》于1923年4月28日完成。这篇小说，可以说是"人生"问题探讨的一个延伸，只是由诗而小说罢了。小说是以他爱人武钟谦为原型，以笑为主线，用第一人称"我"，来讲述一个原本爱笑的善良女性，出嫁后遇到种种烦恼，由原来爱笑而不敢笑到最后不愿笑以至于厌恶笑的情感历程。小说描写的"我"的不少境遇，和他的散文《给亡妇》里武钟谦所受的委屈多有相似之处，读来让人唏嘘。

朱自清上述写给俞平伯的三封关于人生哲学和生活态度讨论的信，从1922年11月7日开始，到1923年4月10日，历时近一年。其间，经历杭州至台州至温州的迁徙和颠簸，人该有怎样的"人生"一直都是朱自清思索的重要问题，创作上也基本围绕这一主题展开，从《毁灭》到《笑的历史》，所探讨的都是关于人该有怎样的人生。而朱自清思索这一问题的动因，是1922年6月上旬，那次难忘的西湖三日的夜游。俞平伯说《毁灭》"是呻吟，也是口令，是怯者的，也是勇者的叫声"。是的，"徘徊悲哀的情绪，挣扎向前的精神"，是这首诗的基本格调。"理不清现在，摸不着将来"的郁结，是这首诗的情结。"待顺流而下罢，空辜负了天生的我，待逆流而上啊，又惭愧无力"。朱自清所探讨的人生，就是这样的两难。而这样的境遇也是大多数人感同身受的。

一向温和的俞平伯，是这样评论《毁灭》的："从诗史而观，所谓变迁，所谓革命，决不仅是——也不必是推倒从前的坛坫，打破从前的桎梏；最主要的是建树新的旗帜，开辟新的疆土，越乎前人而与之代兴。"俞平伯还认为，朱自清的《毁灭》，即以技术而论，"在诗坛上，亦占有很高的位置，我们可以说，这诗的风格意境音调是能在中国古代传统的一切诗词以外，另标一帜的"。

温州的踪迹

朱自清离开他喜欢的台州六师，到温州教书，和周予同有关系。周予同是浙江瑞安人，和朱自清几乎同时在北京读书，朱自清读的是北京大学，周予同读的是北京高等师范学校，并以第一名的优异成绩毕业。毕业后即进入上海的商务印书馆工作，任《教育杂志》主笔。他也是文学研究会主要成员之一，和朱自清过从甚密。朱自清曾和周予同、俞平伯、叶圣陶、郑振铎等人在上海雅聚多次，相聊甚欢。再说，温州十中师范部主任金嵘轩是周予同老乡，又是朋友。大约金嵘轩曾因为学校的师资和周予同闲谈过，周便推荐了朱自清。朱自清不仅毕业于名校，是新文学创作的中坚分子，还在一度是新文学重镇的浙江一师任过教，和俞平伯、刘延陵等人号称"后四大金刚"，若朱自清能来温州十中教书，当然是一块招牌了。金嵘轩立即向校方提议。这才促成朱自清来温州从教。

朱自清一家到了温州之后，先住在大士门，时间不长，大士门失火，又搬到朔门街四营堂34号，此后便一直居住在那里，直到一家搬到白马湖。张如元在《朱自清先生在温州》(《浙江学刊》1984年第6期)中说："四营堂住处是一座有围墙的老式两进平房，前后都有院子。他住靠大门的两间厢房，外间住家属，内间的前半间是他的书房，后半间作灶房用。厢房外有花墙把大院子隔开。自成一个小庭院，环境很清幽。"环境许是清幽的，但我觉得住得还是逼仄了些，毕竟朱自清此时已经有一个四口之家了，书房和灶间放在一起，外间当一家人的卧室，怎么说也不宽敞的。

当时的温州，社会风气在保守中蠢蠢欲动，在中学里，学生还写那些半文半白的八股式命题作文，朱自清来了之后，由于实行自己的一套教学方法，开始并没有得到学生的理解。陈天伦在《敬悼朱自清师》里回忆说："民国十二年(1923)，我在温州中学初二读书，朱先生来教国文，矮矮的，胖胖的，浓眉平额，白皙的四方脸。经常提一个黑色皮包，装满了书，不迟到，不早退。管教严，分数紧，课外另有作业，不能误期，不能敷衍。最初我们对他都无好感，至少觉得他比旁的先生特别噜嗦多事，刻板严厉。"但是，渐渐地，学生们理解了朱自清教学的妙处，知道他们的老师在白话新文学方面已经取得了很高的成就，不少人甚至也想像朱自清这样成为一个新时代的作家。而朱自清也适时地鼓励学生多读多写白话文，介绍他们读新文学杂志。学生们对他迅速有了好感，陈天伦又说："说起他教书的态度和方法，真是亲切而严格，别致而善诱。那个时候，我们读和写，都是文言文。朱先生一上来，就鼓励我们多读多作白话文。《窗外》《书的自序》……是他出的作文题目，并且要我们自由命题，这在做惯了《小楼听雨记》《说菊》之类的文言文后的我们，得了不少思想上和文笔上的解放。"同一种教学方法，由于喜欢程度不一样，感想也就不一样，"噜嗦多事，刻板严厉"，变成了"别致而善诱"。时间不久，"各年级学生都急着要求他教课，他只得尽可能多担任些钟点，奔波于两部之间"（朱维之《佩弦先生在温州》）。当时温州十中的中学部和师范部是分开两地教学的。朱自清为了满足校方和学生的需求，只得两边兼顾。但他"不因课多而敷衍，每每拭汗上讲台，发下许多讲义，认真讲解。我们坐在讲台下边，望着他那丰满而凸出的脑袋，听他流水般滔滔不绝的声调，大有高山仰止之慨"。在朱自清的影响下，当地的文学气氛渐浓，连日报副刊上的文学作品也多了起来。不少学生在他的影响下，也积极投入新文学的创作中来，比如后来在台湾多所学校任教的翻译家金溟若先生，就受到过朱自清的提携，他在《怀念朱自清先生》一文中回忆说："我追随朱先生半年，慢慢地知道运用中国文字。我写出了第一篇用中国文字写成的散文，题为《孤人杂记》。朱先生看了，居然很欣赏，把它寄给了《时事新报》的《学灯》上发表，并为我取了'溟若'两字，作为笔名。这是我的第一篇散文。后来又写了一篇《我来自东》，朱先生也要了去，刊在《我们的七月》上。"

朱自清和老师们也关系融洽，经常相互走动、交往、品茗、欢聚，和相处融洽的同事还时有唱和。十中老师张樀在1923年5月18日写了一首七律赠朱自清，篇名叫《赠十中国文同事朱佩弦先生》，朱自清也热情地以原韵和诗回赠：

落拓江湖意气孤，敢将心事托菰芦。
逢君悦见百间屋，入洛追怀九老图。
燕国文章惊一代，草堂风韵照东都。

从今大首凭宗匠，勿向时人问指趋。

　　据说这是朱自清的第一首旧体诗。朱自清的家学比不上俞平伯，小时候也没有"对对子"的娱乐，创作上就不像俞平伯古体诗、现代诗双管齐下。所以这首唱和诗也许并不高明，但双方之间的情感和尊重却是显而易见的。不久之后，朱自清还和台州六师校长郑鹤春一起在一家西餐馆宴请校内同事，宾主共二十六人之多，这一桌酒一直吃到晚上九点才散，推杯换盏间，谈得必定十分投缘。

　　他和十中的美术教师马孟容的关系也很好。由于两家住得不远，朱自清常在散学回家或休息日去马家看其作画，谈论中国画派，特别是对花鸟画，朱自清常有自己的见解。后来马孟容在朱自清即将离开十中时，画了一幅尺幅不大的小横幅送给朱自清，画面上有海棠，有八哥，有月影，意境非常好。朱自清拿回家后，经常拿出来观赏把玩，并兴致很高地写了一篇欣赏短文，这便是《温州的踪迹》里的首篇——《"月朦胧，鸟朦胧，帘卷海棠红"》。朱自清写好文章后，又专门去马孟容家，登门拜谢，送上文稿，并说："日间端详大作，越看越可爱，夜间又仔细领略画中情韵，因忆唐明皇将美人喻花，而东坡咏海棠有'只恐夜深花睡去，故烧高烛照红妆'之句，乃反其意而以花比美人，如悟得大作中之海棠于月色中开得如许妩媚，鸟儿不肯睡去，原来皆为画中另有一玉人在哪！"（张如元《朱自清先生在温州》）可见，朱自清也是性情中人，对喜欢的东西毫不掩饰，快意表达。朱自清在这篇短文中，对马氏的画欣赏备至：画的"上方的左角，斜着一卷绿色的帘子，稀疏而长；当纸的直处三分之一，横处三分之二。帘子中央，着一黄色的，茶壶嘴似的钩儿——就是所谓软金钩么？'钩弯'垂着双穗，石青色；丝缕微乱，若小曳于轻风中。纸右一圆月，淡淡的青光遍满纸上；月的纯净，柔软与平和，如一张睡美人的脸。从帘的上端向右斜伸而下，是一枝交缠的海棠花。花叶扶疏，上下错落着，共有五丛；或散或密，都玲珑有致。叶嫩绿色，仿佛掐得出水似的；在月光中掩映着，微微有浅深之别。花正盛开，红艳欲流；黄色的雄蕊历历的，闪闪的。衬托在丛绿之间，格外觉着妖娆了。枝欹斜而腾挪，如少女的一只臂膊。枝上歇着一对黑色的八哥，背着月光，向着帘里。一只歇得高些，小小的眼儿半睁半闭的，似乎在入梦之前，还有所留恋似的。那低些的一只别过脸来对着这一只，已缩着颈儿睡了。帘下是空空的，不着一些痕迹"。又说：

"试想在圆月朦胧之夜，海棠是这样的妩媚而嫣润；枝头的好鸟为什么却双栖而各梦呢？在这夜深人静的当儿，那高踞着的一只八哥儿，又为何尽撑着眼皮儿不肯睡去呢？他到底等什么来着？舍不得那淡淡的月儿么？舍不得那疏疏的帘儿么？不，不，不，您得到帘下去找，您得向帘中去找——您该找着那卷帘人了？他的情韵风怀，原是这样这样的哟！朦胧的岂独月呢；岂独鸟呢？但是，咫尺天涯，教我如何耐得？"这篇短文写于1924年2月1日，距他离开温州仅二十来天。

朱自清虽然教务很忙，也会在节假日里邀请几个爱好文学的同学或友人畅游温州附近的景点。1923年重阳节前后，他和马孟容等四人就去了仙岩的梅雨潭，散文名篇《绿》就是追忆的那次游踪。金溟若回忆说，"朱先生的兴致很好，常由他主动要我邀人结伴去郊游。温州的近郊，都印下我们的足迹：我们到过三角门外，去看妙果寺的'猪头钟'；到江心寺后看古井；渡瓯江去白水漈；坐河船去探头陀寺，访仙岩的雷响潭和梅雨台"。朱自清另一个学生马星野在周锦著的《朱自清研究》一书序中说："朱自清先生和几个学生到江北去玩，回来后写了《白水漈》。这次我没去……可朱先生却把《白水漈》写了条同送给我，并注记以示与我同游为憾。"可见朱自清是多么重感情。

朱自清在温州十中，校方也十分器重他，委托他为十中作校歌。朱自清也没有推辞，经过酝酿，才情迸发，一挥而就：

> 雁山云影，瓯海潮淙。
> 看钟灵毓秀，桃李葱茏。
> 怀籀亭边勤讲诵，中山精舍坐春风。
> 英奇匡国，作圣启蒙。
> 上下古今一冶，东西学艺攸同。

这是朱自清创作的第二首中学校歌。比起为扬州江苏省立第八中学所写的校歌，浙江十中的校歌更深邃，更有气势，也更具"文艺范"。歌词中的"雁山"，就是雁荡山。某年夏天，我在雁荡山游玩过几天，那里的山景最有特色，瀑布也多，且高高直挂下来，有婉约的，也有磅礴的，甚至晚间也在山上流连很久，看月光山影，久久不愿下山。雁荡山、瓯海潮，是最具温州特色的景观，朱自清起笔就抓住这两大特色，体现了温州这块风景壮阔的土地，以及悠久的历史和深厚的文化底蕴，接着自然过渡到"看钟灵毓秀""桃李葱茏"，最后是"上下古今一冶，东西学艺攸同"。勉励师生应该把古今中外的知识和学问融会贯通，铸造出新的知识和学问来。这首校歌歌词十分贴切，据说至今还在传唱。

在温州的一年，朱自清的创作也没有停止，他一面继续和俞平伯保持通信，讨论人生问题，一面在狭小的书房里读书写作。可以简单勾勒一下，从 1923 年 3 月 8 日创作新诗《细雨》算起，有旧体诗《和十中同事张榠赠诗》，小说《笑的历史》，论文《文艺之力》《文艺的真实性》，歌词《浙江省立第十中学校歌》，序跋《〈梅花〉序》，翻译了美国《近代批评辑要》中的《心灵的漫游》，和俞平伯通信讨论人生，写下了"白话美文的模范"《桨声灯影里的秦淮河》与总题为《温州的踪迹》的部分篇章。如果单纯从字数和篇数上看，也许算不上大丰收，但有两篇重要的散文，《桨声灯影里的秦淮河》和《温州的踪迹》里的《绿》，是他创作上的第一个里程碑。

朱自清在温州期间，有几个插曲对他影响较大，其一是 1923 年 7 月 30 日，文学研究会主办的在上海出版的《时事新报》副刊《文学旬刊》改为《文学》周刊。朱自清被聘为二十五个特约撰稿者之一，另外二十四人也都是响当当的一时俊杰，他们是王统照、沈雁冰、沈泽民、周予同、周建人、俞平伯、胡愈之、许地山、陈望道、徐玉诺、徐志摩、郭绍虞、叶绍钧、耿济之、郑振铎、刘延陵、谢六逸、瞿世英、瞿秋白、严既澄、顾颉刚等，《文学》成为以后朱自清一个主要的发稿阵地。其二，朱自清次女朱逖先于1923年11月8日出生于温州。其三是加入了朴社，这也是一个同仁组织，最早是由郑振铎提议的。我在《俞平伯的诗书人生》的《永恒的〈忆〉》里做过朴社的介绍："朴社的影响虽然不大，来头却相当了得，《顾颉刚全集》（中华书局）里有详细记载：1923年2月20日，顾氏致函郭绍虞，述及'朴社'问世经由。其云：'我们因为生计不能自己做主，使得生活永不能上轨道，受不到人生乐趣，所以结了二十人，从本年一月起，每人每月储存十元，预备自己印书，使得这二十人都可以一面做工人，一面做资本家；使得赚来的钱于心无愧，费去的力也不白白地送与别人。我们都希望你加入，想你必然允许我们的。我们的人名是振铎、雁冰、六逸、予同、圣陶、伯祥、愈之、介泉、缉熙、燕生、达夫、颂皋、平伯、济之、介之、天挺及我。我任了会计；伯祥任了书记。这社暂名为朴社……'看看这一串名单吧，哪一个不是新文化运动的顶级人物？据说，首先动议成立朴社的，是郑振铎。1923年更早些时候，商务印书馆的几位编辑好友，在《小说月报》

编辑郑振铎住处雅聚，谈古论今，十分投缘，郑振铎发牢骚道：'我们替馆里工作，一月才拿百元左右，可是出一本书，馆里就可赚几十万元，何苦来！还不如大家凑钱办一个书店。'听了郑振铎的提议，叶圣陶、顾颉刚、沈雁冰等予以响应。这就是朴社成立的由来，可以说是一个文友集资，自费出书，再赚钱的'俱乐部'。"朱自清也于这年加入朴社，可能比首批成员略晚一些。但朱自清却可能是第一个退出朴社的社员，时间是在1924年9月，原因说起来非常简单，也实在让人唏嘘——经济实在困难，不得不致信好友周予同，请求出社。

朱自清虽然于1924年2月下旬离开温州，只身前往宁波白马湖春晖中学任教，但温州还有一大家人：武钟谦和三个孩子以及从扬州来帮助料理家务的母亲。他人虽不在温州，温州却还让他牵肠挂肚。

秦淮桨声寻灯影

1923 年 7 月 30 日，古城南京，热气逼人。

天色向晚时，熙熙攘攘的秦淮河边，走来两位身材偏矮的年轻先生——他们是"五四"之后崭露头角的作家、学者俞平伯和朱自清。

此时的古城南京，笙箫依旧，歌弦不绝，一派旧式的繁华。两位青年知识分子，走在人群里，看上去并不出众，也许还有些普通，如果不是戴着近视眼镜，他们和夫子庙附近的一般游客并无二致。但是，镜片后睿智的目光中，分明透出他们的才学和理想。他们刚刚吃完晚餐，"一盘豆腐干丝，两个烧饼"——夫子庙最寻常的小吃，也是最具江南特色的茶点，虽然不名贵，但由于做法和用料十分考究，俞平伯和朱自清二人应该吃得很惬意的。但是，对于收入不薄的大学老师，此餐未免太简单了些。喝没喝一壶黄酒呢？豆腐干丝就黄酒，绝配的吃法，至今还受到江南人的青睐。二人酒量不知如何，也可能不像叶圣陶那样喜欢喝一口，但出门在外，又是友人同行，总归要喝点老酒才算过瘾——那么，还是喝了！

俞平伯和朱自清一前一后来到河埠码头。

被太阳曝晒一天的码头上，还有许多乘凉的游人不愿离去。正如《桨声灯影里的秦淮河》所描述的那样，俞、朱二人，"以歪歪的脚步踅上夫子庙前停泊着的画舫"，"懒洋洋躺到藤椅上去"之后，"船里便满载着"朦胧与怅惘了。"夕阳西去，皎月方来"，在仓皇灯光"晕"成的烟色暮霭里，听着时断时续的桨声，感受着被船桨撩起的清冽河水，细声慢语地谈论着往日秦淮，《桃花扇》里的歌妓和《板桥杂记》里的公子，仿佛亲见那时的华灯映水，仿佛目睹那时的画舫凌波，便"一面有水阔天空之想，一面又憧憬着纸醉金迷之境"。这是可以想见的。但是，二位先生毕竟是绅士，虽然怡然自若仿佛梦回从前，仿佛浸漉其间，但是，待到梦被船舫歌女的唱声搅醒，终还是回到现实中。在俞平伯这篇散文中，多次记录了遭遇歌妓叨扰的事，而且，有多艘载着歌女的快船从他们身旁拍桨而过，留下顾盼的倩笑和甜腻的粉香。

时有小小的艇子急忙忙打桨，向灯影的密流里横冲直撞。冷静孤独的油灯映见黯淡久的画船（？）头上，秦淮河姑娘们的靓妆。茉莉的香，白兰花的香，脂粉的香，纱衣裳的香……微波泛滥出甜的暗香，随着她们那些船儿荡，随着我们这船儿荡，随着大大小小一切的船儿荡。有的互相笑语，有的默然不响，有的衬着胡琴亮着嗓子唱。一个，三两个，五六七个，比肩坐在船头的两旁，也无非多添些淡薄的影儿葬在我们的心上——太过火了，不至于罢，早消失在我们的眼皮上。谁都是这样急忙忙的打着桨，谁都是这样向灯影的密流里冲着撞；又何况久沉沦的她们，又何况飘泊惯的我们俩。当时浅浅的醉，今朝空空的惆怅；老实说，咱们萍泛的绮思不过如此而已，至多也不过如此而已。你且别讲，你且别想！这无非是梦中的电光，这无非是无明的幻相，这无非是以零星的火种微炎在大欲的根苗上。扮戏的咱们，散了场一个样，然而，上场锣，下场锣，天天忙，人人忙。看！吓！

载送女郎的艇子才过去，货郎担的小船不是又来了？一盏小煤油灯，一舱的什物，他也忙得来象手里的摇铃，这样丁冬而郎当。

甚至，那些载着歌女的快船，还船头船尾地紧贴着他们的船，跳上来一位手持戏单的"狡猾"的人，请俞平伯、朱自清点歌。俞平伯很难为情，结结巴巴说了半天，也没能把来人打发走。他的"不"或"决不"，人家根本不听，就是"老调的一味的默"也不起丝毫效果，大有不听一首小曲决不罢休的意思。而朱自清呢，脸都红了。他一方面嫌俞平伯办法"太冷漠了"，另一方面又没有太好的办法。但是打发纠缠的正当方法，只有辩解。俞平伯带有调侃地描写了朱自清当时的为难，朱自清对来人说："你不知道？这事我们是不能做的。"这事，什么事呢？为什么人家"不知道"？又为什么"不能做"？这句话激怒了"狡猾"的人，让他盯住这一句不放了。因为听话听音，朱自清的话里有明显的看不起歌女的意思，说白了，不就是唱一曲嘛。"佩弦又有进一层的曲解。哪知道更坏事，竟只博得那些船上人的一哂而去。"这里，俞平伯是和朱自清开个善意的玩笑。但是，"把它们一个一个的打发走路。但走的是走了，来的还正来。

我们可以使它们走，我们不能禁止它们来"。两位年轻的诗人有些烦恼，最后怎么办呢？不能因为这件事而影响他们夜游的好情绪啊。办法还是有的。他们承诺多给船家些酒钱，让他摇船离载有歌女的船远些。"自此以后，桨声复响，还我以平静了。"这个小插曲很有意思，两个年轻人的天真、无奈，进退两难的处境，从字里行间能够体味得到。"心头，婉转的凄怀，口内，徘徊的低唱，留在夜夜的秦淮河上。"

即便二人在畅游途中遇到小小的不愉快，也还是有感于这次秦淮畅游，也被"梦"深深感染了。能相约写一篇同题散文，不仅是因为秦淮迷人的夜景，一定还有某种更尖锐的东西触动了二人的神经。当"凉月凉风之下"，他们"背着秦淮河走去，悄默是当然的事了"。黑暗重复落在面前，"看见傍岸的空船上一星两星的，枯燥无力又摇摇不定的灯光"，他们的"心里充满了幻灭的情思"。也许在回旅馆的途中，二人已经相约同题散文的事了。但是，俞平伯显然不满足于文章，他正酝酿一首诗呢。

第二天，二人在南京分手时，俞平伯取出头天晚上从画舫上索来的明信片，著诗一首，赠送给了朱自清。明信片一面是"南京名所"夫子庙全景，一面是他的亲笔题诗："灯影劳劳水上梭，粉香深处爱闻歌。柔波解学胭脂晕，始信青溪姊妹多。"诗前小序，曰"秦淮初泛，呈佩弦兄"；诗后落款为"俞"，时间是"十二、七、三一 南京分手之日"。

这张珍贵的明信片，是朱自清后人朱乔森等捐给中国现代文学馆的。这张明信片透露的信息，至少解决了两个问题：一是以诗证文，可知俞、朱同游秦淮河是在1923年的7月30日，朱自清先生的"八月说"，是误记了。有说是"三十一日"，也不对，俞的落款是"分手之日"。俞、朱二人是头天晚上同游秦淮河，第二天才分手的，所以写诗之日，并不是同游之日。二是1996年，当这首诗被收进《俞平伯全集》时，诗前的小序变成了题目《癸亥年偕佩弦秦淮泛舟》，诗也经过了润色："来往灯船影似梭，与君良夜爱闻歌。柔波犹作胭脂晕，六代繁华逝水过。"经过改造的诗，老实说，韵味和情调比初稿的差了一些，特别是"与君良夜"取代"香粉深处"，就不是那个味了。

这首诗改于何时，全集里没有说明，翻阅几种俞平伯年谱，也没有记载。但是，俞平伯实在是很怀念这次四天的南京之行的，从修改的诗中，足可以说明他们友谊之深切、情感之厚重。所以，这才有了多年后南巡时的不辞而别。

那是 1959 年春，国家有关部门组织全国人大代表、全国政协委员赴江苏视察。俞平伯也是成员之一。他随团一路南下，先在扬州，又去淮安，参观视察后，按照预定线路，本应经南通过江，在苏南继续视察，行程中，有他的故乡苏州。但是俞平伯却对即将经过的故乡毫无兴趣，而是突然"消失"不见，令代表团成员大惑不解。同行人只知道他从镇江取道南京，北返回京了。俞平伯非同寻常的举动，就连同行的叶圣陶、王伯祥等老朋友也不明就里。虽然都知道他写过一首怀念朱自清的诗——"昔年闲话维扬胜，城郭垂杨想望中。迟暮来游称过客，黄垆思旧与君同"（《初至扬州追怀佩兄示同游》），但没能想到他的消失和朱自清有关。直到多少年后，这一"谜团"才解开。原来，俞平伯在江苏视察时，想起已故好友朱自清，感慨万千，不能自禁。或许是这一哀思一直萦绕于心间吧，便独自重游南京，重登鸡鸣寺，重游秦淮河，去凭吊与朱自清同游的往事陈迹。不难想象，六十岁的俞平伯，独自徘徊在南京的古巷里，其心情是何等落寞而悲伤啊！到了 1960 年年末，俞平伯依然不能忘却这次孤独之旅，满怀深情地写成了一篇小赋，以纪念知交朱自清，题为《重游鸡鸣寺感旧赋》。他在序中写道："余己亥春日，自淮阴过镇江达南京，翌晨游玄武湖，遂登鸡鸣寺豁蒙楼，时雨中岑寂，其地宛如初至，又若梦里曾来，盖距癸亥年偕先友朱君佩弦同游，三十六载矣。拟倩子墨，念我故人，而世缘多纷，难得静虑，及庚子岁阑始补成此篇。"在用十六句对雨中的鸡鸣寺做了细致的描写之后，文字转入主题，缓缓诉出他"思旧神怆"的感触和对先友的思念，读后无不为之动情：

> 推窗一望。绿了垂杨，台城草碧，玄武湖光。观河面改，思旧神怆。翱翔文囿，角逐词场，于喣煦沫，鸡黍范张。君趋滇蜀，我羁朔方，讶还京而颜悴，辞嗟来之敌粮，失际会夫昌期，凋夏绿于秋霜。心淳竺以行耿介，体销沉而清风长。曾南都之同舟，初邂逅于浙杭。来瀚海兮残羽，迷旧巷乎斜阳。当莺花之三月，嗟杂卉之徒芳。想烟扉其无焰，痛桃叶之门荒。问秦淮之流水，何灯影之茫茫。

真是情深意切，一咏三叹，字字句句流露出对先友的追思和怀念。

"烟笼寒水月笼纱，夜泊秦淮近酒家……"唐朝杜牧的诗歌《泊秦淮》，流传至今，代代相诵，成了秦淮河的千古绝唱。千百年来，秦淮河哺育着金陵，也逐渐成为著名的繁华地带。许多历史典故，都发生在秦淮河的身旁，被历代文人骚客吟诵传唱。很多游玩秦淮河的文人墨客，他们敏感柔软的心灵，常常因了秦淮河的桨声灯影而惊羡感动，这样，他们就写下了很多关于秦淮河的诗词文章。吴敬梓在《儒林外史》中是这样描写秦淮河的："城里的一道河，东水关到西水关，足有十里，便是秦淮河，水满的时候，画舫箫鼓，昼夜不绝。每年四月半后，秦淮的景致渐好了。到天色晚了，每船两盏明角灯，一来一往，映在河里，上下通明。"

　　俞平伯和朱自清同游秦淮河，写下同题名篇散文，不仅是文章流传，美名远播，流传和远播的还有两位文友真切的情谊。

一篇《"义战"》引发的感怀

　　《"义战"》是俞平伯的一篇文章，发表在1924年9月14日出版的《时事新报·文学》版上。这篇文章给朱自清带来了很大的触动。

　　由于家小都在温州。1924年暑假，朱自清在先去南京参加中华教育改进社第三届年会后，再转道上海，在上海待了几天，和王伯祥、郭绍虞、沈雁冰、叶圣陶、郑振铎、俞平伯、周予同等友人欢聚几次后，立即回到温州家里，准备在温州度暑假。

　　这时候的朱自清，家庭经济遇到了相当大的困难。朱自清教书挣的钱并不多，再加上时局动荡，学校开开停停，工资没有保证全额发放，所挣稿费也是杯水车薪，朱自清常常借债养家。有一事可见朱自清的窘迫，

1924年7月10日，他和朴社同人在上海聚餐，王伯祥在日记里说："佩弦今日由宁返沪，绍虞、颂皋或将于明日赶到，平伯则今晚必来，于是我们朴社同人想乘此聚会，作一度进行的商榷了。那晚聚餐，或者有些好的结果。"12日，在商量了朴社的事之后，朱自清没有像别人那样去住旅馆，而是住在叶圣陶家里。这一方面说明朱、叶关系好，另一方面也和朱自清的拮据有关。朱自清回到温州之后，和家人待在一起，生活虽不富足，但毕竟一家人聚在一起，心情不错，写写日记，访访朋友，并准备为俞平伯的新诗《忆》写序。不久周予同来温州办事，朱自清知道后，于8月2日早上去拜访。到了8月18日，周予同来回访，二人聊得特别投机，不觉到了饭点。但是朱自清家里实在拿不出像样的菜来招待好朋友，更不要说下馆子了。送走周予同之后，朱自清很难过，觉得对不起朋友。转眼到了9月，朱自清实在撑不住了，致信周予同，请求退出朴社，原因就是交不起那一月十块钱的费用。朴社也随之解体。朴社的解体，是不是和朱自清退社有关，无从考证，但说没有一点关联怕是也不切实际。仅从这一件事上，可见朱自清不到实在无计可施时，是不会不顾及朋友的情面而退出朴社的。

至于上海的朴社解体后，俞平伯、顾颉刚在北京又邀请范文澜、潘家洵、吴维新、冯友兰等人重组了朴社，这就是后话了。

朱自清这年的暑假并不轻松，可以说五味杂陈、百感交集。9月5日乘船离开温州去宁波前，和妻武钟谦道别时，忍不住流下泪水。几天后的9月13日，在宁波大风雨中，吟出了伤感的诗句："万千风雨逼人来，世事都成劫里灰。秋老干戈人老病，中天皓月几时回？"这天正是中秋节，本应该和家人团聚，朱自清却因为生活所困，自己奔波在外，只能在凄风苦雨中枯坐书房，独想心事，家事国事天下事不觉涌上心头。而近期充斥于大小报纸上的关于"直奉"军阀间的明争暗斗的消息和要开战的各种小道新闻也让他心头焦虑。

几天之后，即9月17日，朱自清在闲翻报纸时，突然看14日出版的《时事新报·文学》版上有一篇俞平伯的文章《"义战"》。好朋友的文章，朱自清照例是要细读的。这一读不打紧，朱自清却心潮起伏，对俞平伯的文章观点表示不同意，遂写下较长的批语：

前两日读《申报》时评及《自由谈》，总觉他们对于战事，好似外国人一般，偏有许多闲情逸致，说些不关痛痒的，或准幸灾乐祸的话，我深以为恨！昨阅平伯《"义战"》一文，不幸也有这种态度！他文中颇有掉弄文笔之处，将两边一笔抹杀。抹杀原不要紧，但说话何徐徐尔！他所立义与不义的标准，虽有可议，但亦非全无理由。而态度亦闲闲出之，遂觉说风凉话一般，毫不恳切，只增反感而已。我以为这种态度，亦缘各人秉性和环境，不可勉强；但同情之薄，则无待言。其故由于后天者尤多。因如平伯，幼娇养，罕接人事，自私之心，遂有加无已，为人说话，自然就不切实了。我呢，年来牵于家累，也几有同感！所以"到民间去""到青年中去"，现在我们真是十分紧要！若是真不能如此，我想亦有一法，便是"沉默"。虽有这种态度，而不向人言论，不以笔属文，庶不至引起人的反感，或使人转灰其进取之心；这是无论如何，现在的我们所能做的。

那么，俞平伯这篇文章是如何写成的呢？他究竟在《"义战"》里说了些什么？孙玉蓉编纂的《俞平伯年谱》里有这样的概括：

> 作者曾收到叶绍钧来信，说他很关心战报并

不是有避祸之心，只缘胸中有正义梗着，看了报纸以后就不免生些闲气。俞平伯为叶绍钧的话所动，于是"大变常态，化沉默为晓晓然"，作了《"义战"》一文。作者分析了战争与正义的三种关系："第一说，义非战，战非义；义中无战，而战中无义。""第二说，战非义，应战则义。""第三说，有战义，有战不义。就是说有正当理由的战是义；反之，非义。"作者解释"义战"的含义，云："义战"是正当的战。正当是单纯的战争，即除战争直接所生影响以外，不发生其他残暴行为的。他说："我们不当妄拟一个绝对的善或义而拿来考核一切的事故。我们只可就现存的诸事实中，求出一个比较逼近绝对的善或义来。无论善恶，有一分的实，即给它一分的名。这不但应合名理上的当然，而且也是事实上的当然。"不过"这终久是书生之见，少实行的可能的"。

朱自清的批语（实质是批评）有没有道理呢？

为了弄明白事情的前因后果，让我们从这次战事说起。

早在 1922 年，第一次直奉战争结束后，直系军阀曹锟、吴佩孚控制了北京政权。1924年5月，曹、吴又指使江苏、福建等省的直系军阀消灭盘踞在浙江、上海一带的皖系势力。直系这边的军事力量，主要是由江苏督军齐燮元率5个师另5个旅近4万人，一部分部队沿沪宁铁路两侧钳击淞沪，另两个师防守溧阳、宜兴，伺机进攻长兴。皖系这边，段祺瑞一面联络奉军出兵进攻直军，一面命令皖系浙江督办卢永祥指挥第1、第2、第3军共4万余人，分别在淞沪、长兴地区和闽浙间的仙霞岭一带组织防御。9月3日战争爆发。这次战争，被称为"齐卢之战"或"江浙之战"。战役打到9月7日这天，出现拐点，卢永祥命令第2军乘齐燮元部队的主力进攻淞沪之机，向驻守宜兴的齐部发起攻击，占领了宜兴以南的蜀山等地。齐燮元不得不从淞沪前线调兵回援。卢永祥所部进攻随即受挫，两军形成对峙。曹锟、吴佩孚闻讯，急忙调兵支援，命令福建督军孙传芳率闽、赣联军2万余人，于9月中旬由南向北进攻浙南，孙的师长彭德铨行动迅速，直抄卢永祥的后路。平阳首先被拿下，战火一下子就烧到了温州。温州老百姓于惊慌失措中纷纷逃难。

十多年前，我一度对连云港地方文史有些兴趣，研究号称"海州王"的白宝山。白宝山时任海州镇守使，研究时发现，白宝山和他的部队也参加了这次"齐卢之战"，且他亲率两个团赶赴前线。在1924年秋季出版的《申报》《晨报》等上海报纸上，常有几句话的消息：宜兴知事"23日来电，据探报警备队准明日进驻水口。白师与皖军会合，进占长兴，现至何处容续探再报。宜城秩序恢复"，"又据苏军23日战报，宜兴之白师之旅，已向长兴前进"。9月26日，《申报》有带标题的新闻——《白宝山军队开驻宜兴了》，新闻说："自陈调元军队开赴浙省后，所有宜兴一带防务，苏齐即责成白宝山率领所辖军队驻守。白氏并奉苏齐之命任宜兴守备司令，现已分队驻扎于蜀山、和桥、宜兴等处。目下，宜兴秩序安绪……唯水路交通尚未能恢复原状云。"这里的"苏齐"即江苏齐燮元所部。白宝山长孙、学者白化文在《我所了解的白宝山和陈调元》一文中，也有一章《齐卢之战》，对他的祖父白宝山参与的"齐卢之战"作了叙述：

　　齐燮元的地位本与我祖父、陈调元基本平等，彼此以兄弟相称，直属兵力也差不多。他是秀才出身，后来虽由李纯保送北京陆军大学，在那里混到毕业，但他的指挥能力很差，也未打过大仗。他是高度近视，外号"齐瞎子"。陈调元常调侃他说，齐燮元一次指挥演习，因近视看不清地图，把河流当成马路。部队开到那里，才知错误。流传有歌谣："齐瞎子，真胡闹，错把河流当大道。"齐燮元荣任师长的第六师，是他唯一的嫡系，可惜久驻六朝金粉地，沾染恶习甚多，战斗力极差。这支队伍早已不是清末吴禄贞当第六镇统制（民国初年"镇"改称"师"，"统制"改称"师长"）时练成的劲旅了。

因此，齐燮元一定要靠黄振魁、吴恒瓒、杨春普、陈调元、我祖父等哥几个保驾。以上这些人都是江苏各地区的镇守使，都有一个混成旅上下的力量。特别是陈调元和我祖父，是替他看北大门的，更是称兄道弟。齐因自己是知识分子出身，对我祖父骨子里是看不起的，对我祖父的部队，也认为战斗力差。我祖父也但求保住海州，只要齐不太过问海州的事便可。所以，在齐卢之战初期，我祖父率所部仍在海州观察局势。

齐燮元向卢永祥争夺上海的统治权，引起齐卢之战。此战役自 1924 年 9 月 3 日开始，胶着于黄渡、浏河一带约四十天。吴佩孚以齐同为直系，派湖北陆军第五混成旅旅长张允明率部来援。后期，我祖父也率两个团开到嘉兴、宜兴一带，作为右翼。这时，孙传芳率领一万多名缺吃少穿无饷但有枪的穷兵由闽入浙，抄了卢永祥的后路。他一路招降纳叛，打过杭州时已发展到两三万人，自称总司令。齐、孙两军在江、浙交界处会师。我祖父所部正好与孙部毗邻，临时改受孙传芳指挥。这是我祖父与孙建立关系之始。孙派我祖父为进攻上海的先锋，齐派宫邦铎为先锋，张允明是吴佩孚派来的先锋，先后进迫上海。1924 年 10 月 13 日，卢永祥与淞沪护军使何丰林下台。孙传芳派我祖父代理淞沪护军使，已入上海市内；齐燮元派宫邦铎为上海镇守使，所部仅进入闸北；北洋政府又发表张允明为淞沪护军使，所部仅进入龙华。

白化文文中所说的"孙传芳率领一万多名缺吃少穿无饷但有枪的穷兵"，对朱自清一家造成的最直接的影响就是温州被困，百姓逃难。而朱自清的家小正住在温州。

此时身在白马湖春晖中学的朱自清，早就在报上看到了军阀们的明争暗斗，心情本就很坏，在读了俞平伯的《"义战"》一文后，觉得俞文中的"闲适"的腔调是对老百姓的不负责，很不自在。自古"兵患"是"百灾"

之首，最苦的自然是下层民众。俞平伯不疼不痒的文章触动了朱自清，他随即写了此评。1924年9月23日，一直处在惶惶中的朱自清从宁波乘车去白马湖春晖中学洽谈任教事宜，看到车中都是逃难的人群时，十分挂念家人。24日收到武钟谦的信后，知道武钟谦仍生病，温州的风声十分紧张，下午就赶回宁波探听消息，第二天早上就发电报到温州，晚上就得到武钟谦的复电，知道一家暂住温州十中，虽然还算安全，但仍然非常焦灼。

凑巧的是，这次"义战"的主角之一——江苏督军齐燮元，朱自清在7月初参加的中华教育改进社第三届年会上，还目睹过这位军阀大员的"风采"，并在《旅行杂记》里做了讽刺：不一会儿，场中忽然纷扰，只见齐督军、韩省长来了，"空空的讲坛上，这时竟济济一台了。正中有三张椅子，两旁各有一排椅子。正中的三人是齐燮元、韩国钧，另有一个西装少年……这三人端坐在台的正中，使我联想到大雄宝殿上的三尊佛像；他们虽坦然地坐着，我却无端的为他们'惶恐'着。——于是开会了，照着秩序单进行。详细的情形，有各报记述可看，毋庸在下再来饶舌。现在单表齐燮元的高论。齐燮元究竟是督军兼巡阅使，他的声音是加倍的洪亮；那时场中也特别肃静——齐燮元究竟与众不同呀！他咬字眼儿真咬得清白；他的话是'字本位'，是一个字一个字吐出来的。字与字间的时距，我不能指明，只觉比普通人说话延长罢了；最令我惊异而且焦躁的，是有几句说完之后。那时我总以为第二句应该开始了，岂知一等不来，二等不至，三等不到；他是在唱歌呢，这儿碰着全休止符了！等到三等等完，四拍拍毕，第二句的第一个字才姗姗地来了。这期间至少有一分钟；要用主观的计时法，简直可说足有五分钟！说来说去，究竟他说的是什么呢？我恭恭敬敬地答道：半篇八股！他用拆字法将'中华教育改进社'一题拆为四段：先做'教育'二字，是为第一股；次做'教育改进'，是为第二股；'中华教育改进'是第三股；加上'社'字，是第四股。层层递进，如他由督军而升巡阅使一样。齐燮元本是廪贡生，这类文章本是他的拿手戏；只因时代维新，不免也要改良一番，才好应世；八股只剩了四股，大约便是为此了。最教我不忘记的，是他说完后的那一鞠躬。那一鞠躬真是与众不同，鞠下去时，上半身全与讲桌平行，我们只看见他一头的黑发；他然后慢慢地立起退下。这期间费了普通人三个一鞠躬的时间，是的的确确的"。朱自清笔下如小丑的这位齐燮元，两个月后便带兵杀了过来，江浙沪一时烽火连天。战火直接烧到了朱自清一家的身上。

此时的温州已经乱成一锅粥，孙传芳手下的彭德铨所部已经控制了温州，"缺吃少穿无饷有枪"的这些穷兵，所到之处都要大捞一笔。城乡居民恐慌万状，携儿挈女，四处奔逃。朱自清一家五口人，全靠武钟谦拿主意了，母亲上了年纪，三个孩子更是年幼，且举目无亲、身无分文。正当他们焦虑不安、一筹莫展之时，朱自清从前的同事、画家、十中教员马公愚伸出了援手，帮助朱自清一家随他全家一起逃难。武钟谦和母亲草草收拾行李，手牵怀抱三个孩子，跟着马家坐一条租来的小船，逃到永嘉楠溪一个叫枫林的地方躲了起来。武钟谦什么都没带，只带了朱自清一箩筐的书。朱自清在《给亡妇》一文中，有过记录："你不但带了母亲和孩子们，还带了我一箱箱的书。"几天后，听说战势有所缓和，温州一带可能没有大战，武钟谦怕朱自清从宁波回来，见不到家人心中着急，便要回去。马公愚担心，劝她再观察些时日，但武钟谦执意要回。马公愚便借给她十块大洋，并派一用人护送朱自清一家回到温州，家里不敢回，只得暂住在学校里。朱自清虽然知道一家暂时平安，却仍放心不下，于26日再次往返宁波和上虞春晖中学，在春晖中学借了路费后，第二天即乘永宁轮赶往温州。可船到海门时，因战事吃紧，忽然停驶。朱自清不得不改道大荆，搭河船至温岭，又步行了一百多里路，在江厦又搭上一艘船，一直到 30 日晚间才到温州。朱自清虽然精疲力竭，但看到一家平安无事，非常欣慰。武钟谦和孩子们更是欣喜若狂，围着朱自清问这问那，听朱自清讲述一路上的风雨兼程。

一家人就在学校里暂住下来。朱自清亲历这次战事，更觉得亲情的难舍，便在心里暗下决心，一定要把一家接到自己身边。

十中校长金嵘轩知道朱自清回来后，特来拜访，他对朱自清说十中马上开学，希望朱自清能留下来任教。但朱自清因已经答应了春晖中学的聘任，只好婉言辞谢。在温州的几天里，朱自清主要是设法搬家。为了筹借搬家的费用，还要还清欠马家的钱，朱自清只好把自己的一些物品抵押在小南门"长生库"当铺里，其中就有一件皮袍子。筹足了钱，还清了欠马家的钱，朱自清率全家于 10 月 3 日辞别温州的朋友，北上上虞。临行时，他很感激马公愚对一家的照料，留下一信，说："先生于荒乱之际，肯兼顾舍间老少，为之擘画不遗余力，真为今日不可多得之友生！大德不敢言谢，谨当永志弗谖耳！"

所以，朱自清的人生际遇让他不可能像俞平伯那样有安闲的心态。仅从短短的一个月的经历看，他也不能同意俞平伯《"义战"》的观点。挥笔写下的批语，也实在是朱自清一贯的人生态度。

关于这段批语，还有后续。抗战期间，朱自清随校南下，把书籍报刊和无法带走之物暂存在北平老君堂俞平伯家里。朱自清奔波在外，经济上不宽裕，特别是扬州老家，生活十分困难。朱自清写信给俞平伯，托他卖掉书刊，接济扬州老家。俞平伯在整理朱自清这批书刊时，无意中发现朱自清写的关于《"义战"》的评语，十分震动，内心久久难平，认为只有净友才能说出如此真言。朱自清去世以后，俞平伯在多篇文章中提到朱自清的评语，在《关于"义战"一文——朱佩弦兄遗念》中更是说："会得佩弦昔年评语，却是一种胜缘，反若不忍遽弃。……词虽峻绝，而语长心重，对自己，对朋友，对人间都是这般的严肃。"又说："他责备我和责备自己一般的认真，像这样的朋友更从哪儿去找呢！"

俞平伯可能也没有想到，自己的一篇短文，却引起好友的如此看重。

朋友白采

　　有的作家会在文学史上留下大名，更多的作家不过是一颗流星，划过天际后，便消失无声。白采便是这样一个"消失无声"的作家。

　　白采死后，朱自清、俞平伯和夏丏尊都写过纪念文章，对他短暂的人生唏嘘不已，对他的才华表示欣赏，对他的死表示惋惜。

　　朱自清和白采是怎么"认识"的呢？

　　1929 年 5 月，已故青年诗人李芳的诗集《梅花》在上海开明书店出版，书里有朱自清写的一篇序。序的写作时间是在 1924 年 2 月 23 日。序中有这样的文字："李君本是我在杭州第一师范时的学生，去年我来温州教书，他从故乡平阳出来，将他的诗集叫《梅花》的交给我删改。我因事忙，隔了许多日子，还未动手。而他已于去年八月间得了不知名的急病，于一二日内死在上海！我不能早些将他的诗修改，致他常悬悬于此，而终不得一见，实是我的罪过，虽悔莫追的！"

朱自清的这篇序言，和白采就沾上了关系。

在朱自清的散文《白采》里，说他和白采是"不打不成相识"，这里的"打"的"工具"就是白采托俞平伯转给朱自清的一封信。"我是这样的知道了白采的。这是为学生李芳诗集的事。李芳将他的诗集交我删改，并嘱我作序。那时我在温州，他在上海。我因事忙，一搁就是半年；而李芳已因不知名的急病死在上海。我很懊悔我的徐缓，赶紧抽了空给他工作。正在这时，平伯转来白采的信，短短的两行，催我设法将李芳的诗出版；又附了登在《觉悟》上的小说《作诗的儿子》，让我看看——里面颇有讥讽我的话。我当时觉得不应得这种讥讽，便写了一封近两千字的长信，详述事件首尾，向他辩解。信去了便等回信；但是杳无消息。等到我已不希望了，他才来了一张明信片；在我看来，只是几句半冷半热的话而已。我只能以'岂能尽如人意？但求无愧我心'自解，听之而已。"

上述文字告诉我们这么几个信息：一是，白采和李芳也是熟悉的，并且知道李芳已经将诗集交给朱自清删改了；二是，白采并不知道朱自清的地址，却知道俞平伯的联系方式，才请俞平伯转信；三是，白采写小说《作诗的儿子》，一来悼念好友，二来"讥讽"朱自清；四是，朱自清虽然致白采一封长信，却没能得到白采的谅解或理解，他只说了几句"半冷半热的话"。

那么，白采是何许人呢？

白采比朱自清和俞平伯都要大，出生于 1894 年 2 月 22 日，原名童汉章，字国华，一名童昭海。江西高安人，出身于富有人家，家里有店铺，有田产。白采 1911 年从筠北小学毕业后，没有继续升学，选择自修苦读这条路。此后多年，大概是从 1915 年至 1918 年，他几次离开家乡，学古时名士，漫游名山大川，写过不少诗章。1918 年重阳节前，因想念家人而回到家乡高安，结束了三年的漂泊生活。回家后，组织同学会，创办图书馆，做了许多实绩，并在高安县女子学校任教。1921 年创作白话小说《乞食》并发表在上海有名的《东方杂志》上。由于充满纠纷的旧式家庭给他带来的烦恼，加之个人不幸福的婚姻，他一度深感痛苦。白采于 1922 年春节后离开家乡，来到大都市上海，为了隐其行踪，改名白采

（后又称白吐风），凭着自身的努力和聪明，又考入上海美术专门学校专攻西洋画，学余则进行文学创作，新诗、小说都写。1923 年年底毕业后，在上海做过教员，也做过报刊编辑，其间和夫人住在上海，和刘延陵一家为邻居。因为创作上已经取得了不错的成绩，白采与创造社、文学研究会的许多作家都有交往，有的还很密切，就连郭沫若和他也有联系，和俞平伯更是书信不断。他的作品先后发表在《创造周报》《小说月报》《文学周报》《妇女杂志》等报刊上，仅小说就有十四篇之多。白采的作品看似写生活中的日常琐事，家长里短，锅碗瓢灶，其实是在反映一个家国的兴衰和时代的风云。作品中，有他对社会、对生活、对人生的严肃思考。1924 年，他写成著名的长诗《羸疾者的爱》。这是一首歌颂为生命的尊严而不惜献出生命的人的大诗，质朴、单纯而又充满力量。诗写好后，白采把它寄给俞平伯看。此后，白采于1925 年秋天，到上海江湾立达学园任教员。1926 年年初，又应聘到厦门集美学校农林部任教。1926 年暑假期间，他到沪杭一带漫游，返回时，在毫无先兆的情况下，病逝于船上，其时船已到达吴淞口。

白采的死讯，朱自清是在写作评论《白采的诗》时得知的。朱自清十分悲痛和惋惜，放下了手里的工作，写下《白采》一文。

如前所述，自从俞平伯转来白采关于李芳诗集的信后，朱自清和白采开始了书信往来。俞平伯在给朱自清的信中，也常说起白采，说他是个有趣的人。这是俞平伯在和白采频繁的通信中得出的结论。朱自清和白采几次通信之后，也感受到了他的"有趣"。1924 年春天，俞平伯应朱自清之邀，去白马湖游玩访友，还把白采的长诗带在身上。3 月 11 日，俞平伯因要到宁波第四中学师范部讲演《中国小说之概要》，朱自清陪同前往。在火车上，俞平伯先是请朱自清看他写的诗剧《鬼劫》，然后又一起和朱自清阅读白采的长诗《羸疾者的爱》。朱自清在《白采》中是这样回忆的："我在车身不住的动摇中，读了一遍。觉得大有意思。我于是承认平伯的话，他是一个有趣的人。我又和平伯说，他这篇诗似乎是受了尼采的影响。后来平伯来信，说已将此语函告白采，他颇以为然。"颇以为然大概是因为在他和郭沫若的通信中，郭也是这样认为的，而白采也确实喜欢尼采的文章。俞平伯这次出游结束回杭州后，接连和白采通信，仅在 4 月到 6 月的三个月中，就有五封信之多。信中，俞平伯还把朱自清要写一篇诗评的信息转述给了白采。在《白采》一文里，朱自清回忆说："我当时还和平伯说，关于这篇诗，我想写一篇评论；平伯大约也告诉了他。有一回他突然来信说起此事；他盼望早些见着我的文字，让他知道在我眼中的他的诗究竟是怎样的。我回信答应他，就要做的。以后我们常常通信，他常常提及此事。"

在朱自清和白采通信时，俞平伯也继续和白采保持频繁的联系。俞平伯主要是钦佩白采的才华，到了后来，又想把他的长诗《羸疾者的爱》发表在《我们》杂志上。"我们社"是朱自清、叶圣陶、俞平伯等人成立的文学社团，成立时就决定出版同人刊物《我们》。俞平伯想把《我们》办得红红火火，采取开放的形式，发表文学界朋友的优秀稿件，便想到了白采的这首长诗。但白采狂傲的一面此时表露了出来，对俞平伯多次的好意不理不睬，并以"不愿传露"为由拒绝了俞平伯。还说，即使"必不得已第一次发表亦不欲假手他人"。这也算是白采"有趣"的个性之一吧。《我们》没办成，倒是一连出版了《我们的七月》和《我们的六月》，所发表的内容全是朱自清和俞平伯二人的文学作品，以小品文、诗、书信为主打，算是《我们》一种变通的产物吧。

但是，朱自清事情实在太多了，繁忙的工作，劳心的家事，让他实在抽不出时间写一篇关于白采的评论。"但现在是三年以后了，我才算将此文完篇；他却已经死了，看不见了！他暑假前最后给我的信还说起他的盼望。天啊！我怎样对得起这样一个朋友，我怎样挽回我的过错呢？"朱自清在《白采》中如是说。

朱自清的真心痛惜，俞平伯也是感同身受的。他也回忆了和白采几年的笔友生涯。在《〈与白采书〉跋语》里，俞平伯说："那时，我们尚互以'先生'称呼着，'甲子端午前一日'采来书曰：'平伯，我喜欢恰在夏历端午，你能接着我这张信，以后彼此把这先生两个字取消，好么？'以后便兄啊君啊乱叫起来。"关于白采，俞平伯始终未能相见。俞平伯在杭州，白采在上海，要想见一面并不难。俞平伯不是经常和在上海的叶圣陶、郑振铎等朋友见面吗？俞平伯"曾一度访他，而始终未见"。白采倒是爽快，曾在给俞平伯的信中说："当然我们的见不见不算事，久不见愈妙！因为不见反正也想见也。"说是这样说，在另一封信里，他还是流露出想见的意思："途远讯慵，所怀不易一一；何日把晤，尤萦驰系！若能作名山五岳之游，则当于足下携榼石，白眼青天而矣！梦思千里，慨叹以之！"俞平伯也不无感慨："尚无一见之欢，而已有人天之隔。以出世法言之，采君呢，应无所恨，惟在我，则决不能无所眷眷与怅怅的。"

其实，朱自清和俞平伯在上海时，"到西门林荫路新正兴里五号去访他：这是按着他给我们的通信地址去的。但不幸得很，他已经搬到附近什么地方去了；我们只好嗒然而归。新正兴里五号是朋友延陵君住过的：有一次谈起白采，他说他姓童……他的夫人和延陵夫人是朋友，延陵夫妇曾借住他们所赁的一间亭子间。那是我看延陵时去过的，床和桌椅都是白漆的；是一间虽小而极洁净的房子，几乎使我忘记了是在上海的西门地方。现在他存着的摄影里，据我看，有好几张是在那间房里照的。又从他的遗札里，推想他那时还未离婚；他离开新正兴里五号，或是正为离婚的缘故，也未可知。这却使我们事后追想，多少感着些悲剧味了"（朱自清《白采》）。

虽然俞平伯最终没能和白采见一面，但朱自清倒是和白采有过一次短暂的相见：

　　……那是在立达学园我预备上火车去上海前的五分钟。这一天，学园的朋友说白采要搬来了；我从早上等了好久，还没有音信。正预备上车站，白采从门口进来了。他说着江西话，似乎很老成了，是饱经世变的样子。我因上海还有约会，只匆匆一谈，便握手作别。他后来有信给平伯说我"短小精悍"，却是一句有趣的话。这是我们最初的一面，但谁知也就是最后的一面呢！

去年年底，我在北京时，他要去集美作教；他听说我有南归之意，因不能等我一面，便寄了一张小影给我。这是他立在露台上远望的背影，他说是聊寄仁盼之意。我得此小影，反复把玩而不忍释，觉得他真是一个好朋友。这回来到立达学园，偶然翻阅白采的小说《作诗的儿子》一篇中讥讽我的话，已经删改；而薰宇告我，我最初给他的那封长信，他还留在箱子里。这使我惭愧从前的猜想，我真是小器的人哪！但是他现在死了，我又能怎样呢？我只相信，如爱默生的话，他在许多朋友的心里是不死的！

——朱自清《白采》

朱自清这篇《白采》正是写于上海立达学园，时间是 1926 年 8 月底。当时朱自清虽然人在清华教书，但家还在白马湖。他是暑假探家回京时路过上海的，评论《白采的诗》写于 8 月 27 日。他于 29 日在上海见了叶圣陶，30 日晚上更是参加了一次大的活动，即消闲别墅的晚宴。这是在上海的文学研究会会员的一次公宴，主要是请鲁迅，同时也是为朱自清北上饯行。出席晚宴的还有鲁迅、郑振铎、刘大白、陈望道、沈雁冰、叶圣陶、周予同、王伯祥等十数人。从文后署的写作地址推测，朱自清当时应住在立达学园。

白采的死给朱自清震动不小。从北大毕业这几年，朱自清奔波于江南多地教书，并不太顺利。一是家里负担重，经济上不能保障；二是社会上许多阴暗现象让他忧心。虽然发表了许多重要的作品，如《毁灭》《笑的历史》《桨声灯影里的秦淮河》《温州的踪迹》等，生活却依旧十分贫困，在温州时，连请朋友吃饭的钱都没有，曾多次举债过日，搬家时，连路费都凑不齐，只好当了皮袄才上船。为了省下每月的会费，主动要求退出朴社。工作也不能保障，从浙江一师到扬州八中，到中国公学，再到浙江一师，然后是台州、温州、白马湖、宁波、温州、白马湖、北京（清华大学），仅从他奔波的路线看，也实在是够辛苦的。他还经历了几次风潮，一度甚至想脱离教育界，托叶圣陶、茅盾等多人找工作都不能如愿（在清华任教也是俞平伯托胡适介绍的）。还有许多年轻朋友的死（新诗《挽歌》里的一师学生范尧深、青年诗人李芳、清华学生韦杰三等），经历了"五卅惨案""三·一八惨案"，这些都让朱自清伤怀难忘，所以他才在四五天内，写下两篇关于白采的文章。

春晖映照白马湖

　　白马湖是宁波上虞一个不起眼的小地方。在没有春晖中学之时，小湖没有一点名气。有了春晖中学，可能也没有名气。但因为春晖中学里集聚了一批名人俊杰，如夏丏尊、朱自清、朱光潜、丰子恺等，让这个不知名的小湖一下子名扬四海。到后来，白马湖直接就是春晖中学的代指了。

　　1924 年 2 月下旬，应经亨颐之聘，朱自清离开浙江省立第十中学，只身来到宁波浙江省立第四中学任教。经亨颐先生时任四中的校长，兼任上虞白马湖私立春晖中学校长。朱自清家小都在温州，按说没必要赴那么远任教。但朱自清离开十中，也是不得已，是为稻粱谋——大致原因：一是十中是省立学校，经费全由省里统一拨给，由于战祸不断，地方军阀把持财政，教育经费得不到保障，加上层层拖欠，三十块钱的月薪经常拖了两三个月才能领到，甚至一个学期只能拿到三四个月的薪水，朱自清家经常入不敷出；二是十中校长更迭，据刘文起《朱自清温州的足迹》考证，新上任的校长不再延聘前任校长金嵘轩所聘的教员。我个人觉得，凭朱自清的学养和资历，新校长怎么说也得给朱自清一个面子的。所以前一种说法更为靠谱。而当时在宁波的，还有朱自清的朋友刘延陵等文人。

但不管怎么说，朱自清还是来到了四中。由于校长是一人兼任，有不少教员在两所学校交叉任教，如四中的夏丏尊、丰子恺等。朱自清也是两边跑——他是 3 月 2 日到春晖的。在《春晖的一月》里，朱自清记叙了初到春晖的见闻和感受：

> 走向春晖，有一条狭狭的煤屑路。那黑黑的细小的颗粒，脚踏上去，便发出一种摩擦的噪音，给我多少清新的趣味。而最系我心的，是那小小的木桥。桥黑色，由这边慢慢地隆起，到那边又慢慢的低下去，故看去似乎很长。我最爱桥上的栏杆，那变形的卍纹的栏杆；我在车站门口早就看见了，我

爱它的玲珑！桥之所以可爱，或者便因为这栏杆哩。我在桥上逗留了好些时。这是一个阴天。山的容光，被云雾遮了一半，仿佛淡妆的姑娘。但三面映照起来，也就青得可以了，映在湖里，白马湖里，接着水光，却另有一番妙景。我右手是个小湖，左手是个大湖。湖有这样大，使我自己觉得小了。湖水有这样满，仿佛要漫到我的脚下。湖在山的趾边，山在湖的唇边；他俩这样亲密，湖将山全吞下去了。吞的是青的，吐的是绿的，那软软的绿呀，绿的是一片，绿的却不安于一片；它无端的皱起来了。如絮的微痕，界出无数片的绿；闪闪闪闪的，像好看的眼睛。湖边系着一只小船，四面却没有一个人，我听见自己的呼吸。想起"野渡无人舟自横"的诗，真觉物我双忘了。

好了，我也该下桥去了；春晖中学校还没有看见呢。弯了两个弯儿，又过了一重桥。当面有山挡住去路；山旁只留着极狭极狭的小径。挨着小径，抹过山角，豁然开朗；春晖的校舍和历落的几处人家，都已在望了。远远看去，房屋的布置颇疏散有致，决无拥挤、局促之感。我缓缓走到校前，白马湖的水也跟我缓缓的流着。我碰着丏尊先生。他引里，因为没有层叠的历史，又结合比较的单纯，故没有这种习染。这是我所深愿的！这里的教师与学生，也没有什么界限。在一般学校里，师生之间往往隔开一无形界限，这是最足减少教育效力的事！学生对于教师，"敬鬼神而远之"；教师对于学生，尔为尔，我为我，休戚不关，理乱不闻！这样两概的形势，如何说得到人格感化？如何说得到"造成健全人格"？这里的师生却没有这样情形。无论何时，都可自由说话；一切事务，常常通力合作。校里只有协治会而没有自治会。感情既无隔阂，事务自然都开诚布公，无所用其躲闪。学生因无须矫情饰伪，故甚活泼有意思。又因能顺全天性，不遭压抑；加以自然界的陶冶：故趣味比较纯正。——也有太随便的地方，如有几个人上课时喜欢谈闲天，有几个人喜欢吐痰在地板上，但这些总容易矫正的。——春晖给我的第二件礼物是真诚，一致的真诚。

朱自清这篇文章写于 1924 年 4 月 12 日夜间，从行文风格看，他心情大好，愉快地描写了路上和校园的自然风光。而在不久之前的 3 月 9 日，朱自清还把好友俞平伯请来玩了几天，原因之一，就是太喜欢这里了，也要把自己的喜悦和好朋友分享一下。不巧的是，俞平伯坐船到了宁波，然后雇车前往沪杭甬车站，因朱自清信上没有说清，还多走了一站，打听了半天才知道错了，只好租了轿子，冒雨来到春晖中学，当时天色已晚了。和朱自清甫一照面，他就问起朱自清何以指导有误。俞平伯本想责怪一下朱自清，但友情力量还是战胜了那点小怨气，二人随即都收起"小孩子脾气"，"略谈后他去上课"。俞平伯在《忆白马湖宁波旧游》中说："那天是星期，但春晖例不休息……就旁听了一堂……'学生颇有自动之意味，胜第一师及上大也'。故属春晖的学风如此，而老师的教法亦不能无关。"俞平伯还动情地感慨："我在这儿愧吾友良多，久非一日矣。"我在《俞平伯的诗书人生》一书里，有一章《白马湖畔》，写的就是俞平伯从3月8日动身前往白马湖访朱自清的经过。在说到俞平伯听好友课时，有一段评论："在当时，大学里才有这种风气，无论哪系的老师，只要自己愿意，都可以到别的班上听课。他们的听课，不是要去挑对方毛病，而是学习别人的长处，补充自己的知识，增长自己的见闻。不过，一个大学老师，坐在中学课堂，听好友讲课，其中意味，可能不仅仅是补充知识、增长见闻，更多地是我过了一座水门汀的桥，便到了校里。校里最多的是湖，三面潺潺的流着；其次是草地，看过去芊芊的一片。我是常住城市的人，到了这种空旷的地方，有莫名的喜悦！乡下人初进城，往往有许多的惊异，供给笑话的材料；我这城里人下乡，却也有许多的惊异——我的可笑，或者竟不下于初进城的乡下人。闲言少叙，且说校里的房屋、格式、布置固然疏落有味，便是里面的用具，也无一不显出巧妙的匠意；决无笨伯的手泽。晚上我到几位同事家去看，壁上有书有画，布置井井，令人耐坐。这种情形正与学校的布置，自然界的布置是一致的。美的一致，一致的美，是春晖给我的第一件礼物。

有话即长，无话即短，我到春晖教书，不觉已一个月了。在这一个月里，我虽然只在春晖登了十五日（我在宁波四中兼课），但觉甚是亲密。因为在这里，真能够无町畦。我看不出什么界线，因而也用不着什么防备，什么顾忌；我只照我所喜欢的做就是了。这就是自由了。从前我到别处教书时，总要做几个月的"生客"，然后才能坦然。对于"生客"的猜疑，本是原始社会的遗形物，其故在于不相知。这在现社会，也不能免的。但在这一种友情和关爱，是心灵上的互通互慰。"

9日这天晚上，夏丏尊知道俞平伯来了，特意在家做了几样好菜，邀请朱自清、俞平伯来家里吃饭。夏丏尊比朱自清和俞平伯要大十多岁，是个老资格的教育家，中过秀才，性格温和，学识功底相当扎实，是浙江一师的"四大金刚"之首，和朱自清私交很好，朱自清自然也想让他们俩成为好朋友了。俞平伯是第一次见到夏丏尊，他像一位大哥般亲切、平和又不失热情，给俞平伯留下非常好的印象。这顿家宴想必吃得特别丰盛，俞平伯在《朱佩弦兄遗念——甲子年游宁波日记》中描写了饭后归途的心情："偕佩弦笼烛而归。傍水行，长风引波，微辉耀之，踯躅并行，油纸伞上沙沙作繁响，此趣至隽，唯稍苦冷与湿耳。"夏家真是有心啊，还备了灯笼给二位青年学者，油纸伞、灯笼、细雨、傍水而行，多么有情趣的江南早春的雨夜啊！二人回到宿舍，借着酒劲，又谈至深夜。

第二天天气好多了，朱自清上午、下午各有两个小时的课。课后，他又陪俞平伯玩至天晚。俞平伯回忆说："下午同在郊野散步。春晖地名白马湖，校址殊佳，四山拥翠，曲水环之。菜花弥望皆黄，间有红墙隐约。村户稀少，只数十家。"我在《俞平伯的诗书人生》里也根据俞平伯的日记，做一番描写："……上虞驿亭白马湖边，乡村风光十分婉约、秀丽，完全是自然的情态，没有一点人工雕刻的痕迹，几面的青山上，绿树浓密，山草青翠，泉水叮咚，小溪奔流，鸟语啾啾，花香怡人，说不尽田园之美。中间是狭长的水田，烟波浩渺的白马湖被群山环抱，一汪湖水养育着鲜美的鱼虾，一片田塍种植着香甜的稻谷，举目是青山，低头看碧波，真一副世外桃源啊。在田间蜿蜒的阡陌上，俞平伯和朱自清，披着晚霞，伴着薄雾，一边散步一边小谈，上下古今，新文旧籍，乡野清趣，草木虫鱼，怕都是他们的话题吧。他们走着，聊着，前边已是上山的路！二人毫不迟疑就随坡上山了。话是说不完的，几日的相聚，必定要抓紧时间。无论谁在说，另一方必定在倾听，也或插一两句，大约不会有大争论的。他们站立山腰，看山下的春晖园，园边的绿水，耳边响起下课的铃声。天色渐暗，溶溶的暗紫色正从远山掩来，瞬间就包裹了万物。山下，已有人寻访而来，是谁？夏丏尊还是丰子恺？俞平伯访朱自清的另一大收获，就是结交了一批朋友，夏、丰无疑是最为投机的新友。于是，在黄昏的山道上，新旧好友，又开始了新的话题……"后来，朱自清要到四中上课，又邀请俞平伯一同前往宁波。俞平伯在宁波还参加了两次宴请，参观了宁波的一些名胜，直玩到 3 月 12 日朱自清才送俞平伯登上赴沪的火车。

　　1924 年上半学期，朱自清奔波于宁波和白马湖之间，虽然有些辛苦，心情却是快乐的，接待俞平伯、潘漠华等好友，创作上也没有松懈，特别值得感怀的是，他在读了邓中夏发表在《中国青年》上的一篇文章《贡献于新诗人之前》后，心中久久不能平静，非常赞赏邓的观点：新诗人要走出艺术之窗，丢弃怡情陶性的快乐主义和怨天尤人的颓废主义，多创作表现民族伟大精神、暴露黑暗社会的作品。4 月 15 日，朱自清写一首《赠友》诗。诗云：

　　　　你的心很美，
　　　　你的手像火把，
　　　　你的眼像波涛，
　　　　你的言语如石头，
　　　　怎能使我忘记呢？

　　　　你飞渡洞庭湖，
　　　　你飞渡扬子江；
　　　　你要建红色的天国在地上！

地上是荆棘呀，
地上是狐兔呀，
地上是行尸呀；
你将为一把快刀，
披荆斩棘的快刀！
你将为一声狮子吼，
狐兔们披靡奔走！
你将为春雷一震，
让行尸们惊醒！

我爱看你的骑马，
在尘土里驰骋——
一会儿，不见踪影！

我爱看你的手杖，
那铁的铁的手杖；
它有颜色，有斤两，
有铮铮的声响！

我想你是一阵飞沙

走石的狂风，

要吹倒那不能摇撼的黄金的王宫！

那黄金的王宫！

呜——吹呀！

去年一个夏天大早我见着你：

你何其憔悴呢？

你的眼还涩着，

你的发太长了！

但你的血的热加倍的薰灼着！

在灰泥里辗转的我，

仿佛被焙炙着一般！——

你如郁烈的雪茄烟，

你如酽酽的白兰地，

你如通红通红的辣椒，

我怎能忘记你呢？

邓中夏是朱自清的北大同学，又是好朋友。1923 年夏天，朱自清和俞平伯同游南京秦淮河时，偶尔在南京大街上碰见邓中夏。此时邓正在南京筹备社会主义青年团第二次全国代表大会。邓中夏可能操心过多，虽然表面状态是"憔悴"的，但能看出他的心"血的热加倍的薰灼着"。朱自清这首诗的风格和他此前的诗风完全不一样，像战斗的口号。后来编《踪迹》时，朱自清特意把诗名改作《赠 A.S》，这是邓中夏别名"安石"的英文缩写。叶圣陶对这首诗特别欣赏，在《新诗零话》里说："他的《赠 A.S》一诗，我很喜欢。像握着钢刀，用力深刻，刀痕处都有斩截钢利的锋棱。"5 月 14 日又作散文《正义》，似乎是这首诗的续篇。朱自清几乎是疾呼说："正义是在我们心里！从明哲的教训和见闻的意义中，我们不是得着大批的正义么？但白白的搁在心里，谁也不去取用，却至少是可惜的事。两石白米搁在屋里，总要吃它干净，两箱衣服堆在屋里，总要轮流穿换，一大堆正义却扔在一旁，满不理会，我们真大方，真舍得！"最后又呼吁："人间的正义究竟是在哪里呢？满藏在我们心里！为什么不取出来呢？它没有优先权！在我们心里，第一个尖儿是自私，其余就是权威、势力、亲疏、情面等等；等到这些角色一一演毕，才轮到我们可怜的正义。你想，时候已经晚了，它还有出台的机会么？没有！所以你要正义出台，你就得排除一切，让它做第一个尖儿。你得凭着它自己的名字叫它出台。你还得抖擞精神，准备一副好身手，因为它是初出台的角儿，捣乱的人必多，你得准备着打——不打不相识啊！打得站住了脚携住了手，那时我们就能从容的瞻仰正义的面目了。"

1924年暑假结束后，又经历了闹心的"苏浙之战"，朱自清十分烦神，几经波折，才把家从温州搬到宁波，因四中无房可住，决定把家安在白马湖畔的春晖中学。搬家这天，已经10月12日了。一家老小又暂时有了安稳的小窝，可以从从容容过日子了。不久之后，他又托朋友从温州带回一箱子的书，从当铺里赎回了皮袄，算是了了一桩心事，温州也从此成了记忆。

春晖中学的环境实在是好啊！加上一家人又团圆了，和同事夏丏尊、丰子恺等经常走动、串门，谈诗论画，朱自清心情立即好了很多。

朱自清的家，和夏丏尊家只一墙之隔，原是刘熏宇私建的房子，房子虽不大，却十分紧凑实用，依山傍水，环境优雅，格局是按照日本普通住宅设计的，正屋用拉门隔开，前面会客，后面做书房。此时的"教员村"，因几家都有孩子，欢声笑语，锅碗瓢盆，一派欣欣向荣的热闹景象。几家主人都是知识分子，都有古人士风和名士派头，各人给住宅起了别号，夏丏尊的房子叫"平屋"，大约隐含平房、平民、平凡、平淡之意，和夏氏的性格非常贴近。丰子恺的屋前栽有一棵柳树，干脆命名"小杨柳屋"。丰子恺后来的许多漫画里，都有一棵或数棵杨柳树，是不是有他亲手栽种的这棵的影子呢？丰子恺家住浙江崇德石门湾，更有乡村情结。他也是夏氏介绍来校的，是李叔同的高才生，主要教音乐和美术。一时间，他的"小杨柳屋"与"平屋"相映成趣。可惜生性略显刻板的朱自清不知何故，没有给自己的小家起个名号，似乎失去一些情调和谈资。不过他写起白马湖的文章，还是很细心地呵护那里的好风景的："白马湖的春日自然最好。山是青得要滴下来，水是满满的、软软的。小马路的两边，一株间一株地种着小桃与杨柳。小桃上各缀着几朵重瓣的红花，像夜空的疏星。杨柳在暖风里不住地摇曳。在这路上走着，时而听见锐而长的火车的笛声是别有风味的。在春天，不论是晴是雨，是月夜是黑夜，白马湖都好。——雨中田里菜花的颜色最早鲜艳；黑夜虽什么不见，但可静静地受用春天的力量。夏夜也有好处，有月时可以在湖里划小船，四面满是青霭。船上望别的村庄，像是蜃楼海市，浮在水上，迷离惝恍的；有时听见人声或犬吠，大有世外之感。若没有月呢，便在田野里看萤火。那萤火不是一星半点的，如你们在城中所见；那是成千成百的萤火。一片儿飞出来，像金线网似的，又像耍着许多火绳似的。只有一层使我愤恨。那里水田多，蚊子太多，而且几乎全闪闪烁烁是疟蚊子。我们一家都染了疟疾，至今三四年了，还有未断根的。蚊子多足以减少露坐夜谈或划船夜游的兴致，这未免是美中不足了。"（朱自清《白马湖》）在说到和夏丏尊的交往时，朱自清的笔下更为喜悦："我们几家接连着；丏翁的家最讲究。屋里有名人字画，有古瓷，有铜佛，院子里满种着花。屋子里的陈设又常常变换，给人新鲜的受用。他有这样好的屋子，又是好客如命，我们便不时地上他家里喝老酒。丏翁夫人的烹调也极好，每回总是满满的盘碗拿出来，空空的收回去。白马湖最好的时候是黄昏。湖上的山笼着一层青色的薄雾，在水面映着参差的模糊的影子。水光微微地暗淡，像是一面古铜镜。轻风吹来，有一两缕波纹，但随即平静了。天上偶见几只归鸟，我们看着它们越飞越远，直到不见为止。这个时候便是我们喝酒的时候。我们说话很少；上了灯话才多些，但大家都已微有醉意。是该回家的时候了。若有月光也许还得徘徊一会；若是黑夜，便在暗里摸索醉着回去。"又说："我爱白马湖的花木，我爱 S 家的盆栽——这其间有诗有画，我且说给你。一盆是小小的竹子，栽在方的小白石盆里；细细的干子疏疏的隔着，疏疏的叶子淡淡地撇着，更点缀上两三块小石头；颇有静远之意。上灯时，影子写在壁上，尤其清隽可亲。另一盆是棕竹，瘦削的干子亭亭地立着；下部是绿绿的，上部颇劲健地坼着几片长长的叶子，叶根有细极细极的棕丝网着。这像一个丰神俊朗而蓄着微须的少年。这种淡白的趣味，也自是天地间不可少的。"（《"海阔天空"与"古今中外"》）朱自清和夏丏尊关系好，体现在各个方面，他有时候也会童趣大发，和夏丏尊的女儿满子玩玩纸牌。在学校教室仰山楼前，有一座游泳池，夏天时，朱自清也会和夏丏尊的儿子龙文在池子里学游泳玩，既算纳凉又算洗澡。

　　丰子恺家的小杨柳屋，朱自清也是那里的常客。丰子恺家的天花板很低，个子不高的朱自清都觉要压到头上来，在"一颗骰子"似的客厅里，他和丰子恺一起看日本竹久梦二的漫画集。小客厅两面墙壁上，贴满了丰子恺各式各样的漫画稿。到过丰子恺家的人都喜欢他的画，有的人还要几张回家玩玩。朱自清也喜欢，感到每一幅画都富有童趣，都有诗意。丰子恺会在这些画上题上一两句古诗，有的干脆就根据诗意画，有的呢，是根据孩子们童稚的语言或游戏的内容所画，皆活泼可爱，有咀嚼不尽的情趣和意味。朱自清看得久了，便提醒丰子恺，将来攒得多了，可以印一本画集。有一天，丰子恺给朱自清刚满四岁的女儿阿莱画了一幅画像，很逼真。夏丏尊看了也开心，提起笔来，在上面题道："丫头四岁时，子恺写，丏尊题。"画美，字也好。朱自清看了，爱不释手，后来将其制版，作为散文集《背影》的插页。

英文教师朱光潜，和朱自清一样身材矮小，他们性格、情趣相投，年龄也相仿，陌生人初一见到二位朱老师，会误以为他们是兄弟。朱光潜原在中国公学任教，"齐卢之战"期间闲着无事，也是因为夏丏尊，才来春晖执教的。朱光潜很敬佩朱自清，一直感念朱自清对他的提携："大家朝夕相处，宛如一家人。佩弦和丏尊、子恺诸人都爱好文艺，常以所作相传视。我于无形中受了他们的影响，开始学习写作。我的第一篇处女作——《无言之美》——就是在丏尊、佩弦两位先生鼓励之下写成的。他们认为我可以作说理文，就劝我走这一条路。"（《敬悼朱佩弦先生》）

匡互生也是朱自清的同事，他是湖南人，在学校教数学兼职训育主任。性格耿直，办事认真，1933年去世时，朱自清得信后，十分悲痛，含泪写下《哀互生》一文，文中说："他本来是一副铜筋铁骨，黑皮肤衬着那一套大布之衣，看去像个乡下人。他什么苦都吃得，从不晓得享用，也像乡下人。他心里那一团火，也像乡下人。那一团火是热，是力，是光。他不爱多说话，但常常微笑；那微笑是自然的，温暖的。在他看，人是可以互相爱着的，除了一些成见已深，不愿打开窗户说亮话的。他对这些人却有些憎恶，不肯假借一点颜色。世界上只有能憎的人才能爱；爱憎没有定见，只是毫无作为的角色。互生觉得青年成见还少，希望最多；所以愿意将自己的生命一滴不剩而献给他们，让爱的宗教在他们中间发荣滋长，让他们都走向新世界去。互生不好发议论，只埋着头干干干，是儒家的真正精神。我和他并没有深谈过，但从他的行事看来，相信我是认识他的。"

在春晖中学执教时，朱自清还有一次重要的旅行——和匡互生一起率春晖中学学生旅行团去杭州旅游。10月29日下午，朱自清专门到西子湖畔雅致的湖楼，晤谈俞平伯。湖楼又称俞楼，是俞平伯曾祖父俞樾的故宅，典型的江南建筑，庭院里叠石假山、花草茂盛，十分优美。此时俞平伯小家就住在湖楼，两位好朋友相见，聊得十分开心。聊什么呢？可能聊朱自清即将出版的诗文合集《踪迹》，也可能聊二人合编的《我们的七月》。这本杂志是朱自清和俞平伯两个人一手打造出来的，由上海亚东图书馆出版。杂志中收朱自清散文五篇，诗两首。朱自清在拿到杂志后，非常喜爱，在日记中写道："甚美，阅之不忍释手。"也可能探讨、策划明年再出一本《我们的六月》。就是谈谈春晖中学的《春晖》也是有可能的。总之，率团出游本来就是快事，再加上这次湖楼晤谈，朱自清在杭州五六天的游玩，必开心至极。

朱自清从杭州回到春晖后，继续教书作文，写了《第三人称》《团体生活》等文章，特别是后者，可能是朱自清这次率团出游的有感而发，谈及一部分中等学校的学生似一盘散沙的现状。该文强调了进行教育的重要性和必要性，并从具体操作上阐明了群体教育的内容、特点和步骤。这篇文章就发表在《春晖》上。当天晚上，朱自清在家宴请了夏丏尊、刘叔琴、伍敏行等同事，大约也聊了"团体生活"和"群体教育"问题吧。这一事说明，朱自清和老师们对学生现状还是很担忧的。

没想到，这种担忧以别样的形式体现了出来——11月下旬，春晖中学发生了风潮。起因大约是这样的，一天早晨，学生黄源出早操时，戴了一顶黑色的绍兴毡帽（其实不算什么）。体育教师说不成体统，勒令拿掉帽子。黄源不从。师生发生争执。事后，校方坚持要处分黄源。担任训育主任的匡互生站在学生一边，建议不处分黄源，但力争无效，愤而辞职，返回上海。此事激怒了学生，举行罢课，以示抗议。校方立即开除了二十八名领头的学生并宣布提前放假。此举引起教员公愤，结果教员集体辞职。夏丏尊专任宁波浙江省立第四中学教职，丰子恺、朱光潜、刘熏宇、刘叔琴、方光焘等辞职后，先后赴上海。

　　这次风潮，给童话般美丽的白马湖蒙上一层阴影，也给朱自清的内心带来较沉重的打击和创伤。朱自清没有像其他教师那样辞职，并不代表他不愤怒，没立场，他无疑是站在辞职的老师一边的，也同情被开除的学生。但由于家累（武钟谦已怀有身孕），由于多年不断的迁徙，他实在没有力量再搬家了。朱自清对俞平伯说："春晖闹了风潮，我们彷徨了多日，现在总算暂告结束了，经过的情形极繁……此后事甚至乏味。半年后仍须一走。"（俞平伯《忆白马湖宁波旧游——朱佩弦兄遗念》）到了1925年1月30日，朱自清写信给俞平伯，干脆流露出想去北京的意思："我颇想脱离教育界，在商务觅一事，不知如何？也想到北京去，因从前在北京实在太苦了，好东西一些不曾吃过，好地方有许多不曾去过，真是白白住了那些年，很想再去仔细领略一回。如有相当机会，尚乞为我留意。"这封信说得十分明白：一是想进入上海的出版界，因这里有他不少朋友；二是想去北京，信上所说内容固然也对，恐怕还是想和北京的俞平伯及北大的诸多师友会合吧。机会出现在 1925 年暑假里的 8 月，清华学校设立大学部，请胡适推荐教授，胡适推荐了俞平伯。而俞平伯出于种种考虑，暂不愿出城去清华教书，便向胡适推荐了朱自清。就这样，朱自清得到了来自清华的聘书。在去北京转道上海时，叶圣陶、王伯祥、刘大白、丰子恺、方光焘等人趁着夜色送他到火车站。一到北京，朱自清便住在了俞平伯的家里，还和俞平伯一起去拜访了老师周作人。朱自清在俞平伯家一直住到 9 月 1 日，才移住清华中文部教员宿舍古月堂六号。而他一家老小还住在白马湖。朱自清入清华后不久，写下了一首诗：

> 我的南方，
> 我的南方，
> 那儿是山乡水乡！
> 那儿是醉乡梦乡！
> 五年来的彷徨，
> 羽毛般地飞扬！

　　这是朱自清 1925 年年初到清华时作的一首诗。"五年来的彷徨"，终于"羽毛般地飞扬"了。但真的能飞扬吗？南方给朱自清带来了成功、兴奋，也带来了纠结和哀怨。南方是他踏上社会的第一站，匆匆五年，如果仅从创作上讲，他确实是成功的，许多重要的作品都写作于这一时期。南方五年，交谊也是成功的，他结识了一生中重要的朋友，如俞平伯、叶圣陶、郑振铎等。但工作（或事业）能否算得上成功呢？漂泊不定，生活窘迫，几乎每年都有的迁徙，耗费了他大量的精力和时间，也耗费了他的才智和心智……

现在好了，终于来到可发挥他才干的清华园了！

附　录

我是扬州人

　　还有一桩道理就是我有些讨厌扬州人；我讨厌扬州人的小气和虚气。小是眼光如豆，虚是虚张声势，小气无须举例。虚气例如已故的扬州某中央委员，坐包车在街上走，除拉车的外，又跟上四个人在车子边推着跑着。我曾经写这一篇短文，指出扬州人这些毛病。后来要将这篇文收入散文集《你我》里，商务印书馆不肯，怕再闹出"闲话扬州"的案子。……但是我也并不抹煞扬州的好处，曾经写过一篇《扬州的夏日》，还有在《看花》里也提起扬州福缘庵的桃花。再说现在年纪大些了，觉得小气和虚气都可以算是地方气，绝不止是扬州人如此。

以上这段话，是朱自清在《我是扬州人》里对扬州的感想和述评。朱自清说他是扬州人，许多人就是从他这篇文章里知道的。他四岁随父母从海州搬到扬州——起先是住在江都的邵伯，江都隶属扬州府，邵伯更是离扬州很近。父亲朱鸿钧就是在邵伯任主管盐税事务的小官。扬州不是盐的产地，盐的产地在海州和盐城的沿海滩涂地区，煮海为盐的盐民累得要死，也穷得要死，却把扬州的官私盐商养得富得流油。明清两朝大盐商都集中在扬州，扬州也因此发生了许多"温柔乡"里的故事。所以朱鸿钧的官虽"小"，却是主管盐税的，权力并不小，在地方上是个肥差，不能说富得流油，至少也会赢得当地乡绅财主的敬重。

他们一家住在邵伯镇的万寿宫，这里原是由旅居扬州的江西籍官商所修建的道观，也是江西人的会所。邵伯镇紧挨着邵伯湖，地势低洼，河流纵横，湖泊密布，而万寿宫的门口就是南北运输的大动脉京杭大运河。还是小孩子的朱自清，在又静又大的万寿宫院子里跑来跑去，无拘无束，也常常跑到门口的运河大堤上玩耍。大运河流经邵伯时，河面很宽，烟波浩渺，气势非凡。河里帆影朵朵，舟楫往来，朱自清爱在河堤上寻找小瓦片，打水漂玩。这是小孩子都爱玩的游戏，互相比着，看谁的瓦片在水面上打的水漂多，飞的距离远。玩这种游戏要具备三个要素：一是瓦片要方方正正，不大不小；二是要尽量让瓦片从手里飞出去的一瞬间贴着水面；三是要有足够的力气，特别是爆发力。四五岁的孩子，玩这种游戏还不太在行，瓦片能在水面上跳一两下就不错了。所以朱自清在《我是扬州人》中只说他"扔瓦片"，怎么玩，玩的水平如何，并没有说。离他家不远的地方，有一个铁牛湾，因河湾有一头镇水的铁牛而得名，大约这里闹过水患也未可知。大铁牛制造于清康熙年间，重约三千斤，"镇水"只是民间赋予它的使命，它另一个使命是测水，这里是大运河的险段，水位上升到牛的什么位置，就会做什么样的预防，若水位与牛嘴持平，就是大水灾了，固堤减灾就成为岸边民众的头等大事。公务之余，朱鸿钧会带着朱自清来铁牛湾看"牛"赏河，滔滔河水，朵朵浪花，河上的白帆，河岸的纤夫，河边的码头，两岸的风光，都会吸引朱自清好奇的目光，而他最开心的，莫过于父亲把他抱到铁牛背上了。骑在巨大的铁牛上，抚摸着光滑的铁牛，给童年的朱自清留下深刻的记忆。骑马能奔驰千里，骑牛会脚踏实地，朱鸿钧是不是这样想的呢？反正父子俩嘻哈玩闹一阵，朱鸿钧少不了趁儿子开心，教他背诵几句诗文警句。因为在 1902年春天时，朱自清已经由父母启蒙课读了。"……阴历四月的时候，书房里的书桌上安置好了笔墨纸砚，朱自清端坐着，父亲研好墨，濡了笔交给他，把着手写下'清和'两个不大不小的字，然后接着写下姓名'朱自华'。他的读书生活，就在这样一个简单而又严肃的仪式后开始了。"（《朱自清的学生时代》，作者周锦，收《朱自清研究》，台北智燕出版社 1978 年 4 月版）让孩子在玩耍中学习，是大多数父母常干的"把戏"，孩子不觉得上当，在边玩边学中增长知识和见识，孩子是乐于接受的。

平日里，朱鸿钧公务多，也少不了应酬，并没有太多的时间带儿子玩耍，教儿子读书识字，这一任务落在了朱自清的母亲身上。和大多数贤惠的母亲一样，在教读之余，她还常搜寻一些名人传记或小说中的故事，讲给朱自清听。朱自清沉默少语、内秀聪慧，喜欢幽静的环境，常常一个人待在室内，搬弄画片，翻检图籍，亲近书香，一待就是小半天。这样半学半玩一些时日，便被父亲送入邵伯镇一家私塾读书。在《我是扬州人》里，朱自清写了他结识的最早的少年朋友江家振："我常到他家玩儿，傍晚和他坐在他家荒园里一根横倒的枯树干上说着话，依依不舍，不想回家。这是我第一个好朋友，可惜他未成年就死了；记得他瘦得很，也许是肺病罢？"从这段文字里，知道江家振家有"荒园"，有一棵横倒的枯树干，且他很瘦，可能这个江家也是破落户了。朱自清六岁的时候离开了邵伯，全家搬到扬州城，租住在天宁门街一同族大宅子里。朱自清在《看花》里有一段较详细的描写："家里人似乎都不甚爱花；父亲只在领我们上街时，偶然和我们到'花房'里去过一两回。"院子里"有一座小花园，是房东家的。那里有树，有花架（大约是紫藤花架之类），但我当时还小，不知道那些花木的名字；只记得爬在墙上的是蔷薇而已。园中还有一座太湖石堆成的洞门；现在想来，似乎也还好的。在那时由一个顽皮的少年仆人领了我去，却只知道跑来跑去捉蝴蝶；有时揃下几朵花，也只是随意接弄着，随意丢弃了。至于领略花的趣味，那是以后的事：夏天的早晨，我们那地方有乡下的姑娘在各处街巷，沿门叫着，'卖栀子花来'。栀子花不是什么高品，但我喜欢那白而晕黄的颜色和那肥肥的个儿，正和那些卖花的姑娘有着相似的韵味。栀子花的香，浓而不烈，清而不淡，也是我乐意的"。年岁尚幼的朱自清就在这样的环境中快快乐乐地生活着，成长着。

也是在这一年，朱自清祖父朱则余从海州承审官任上退休了。朱则余在海州做了十几年官，积攒了多少钱财不得而知。历史上，海洲经济不算发达，巨富不多，但旧时做官，收入的渠道也不少，临到退休时，大约也还不坏。朱则余退休后，由于家中独子在扬州做事，便变卖了海州的房产，率家人回扬州和儿子团聚了。这一年朱则余五十七岁，还没有到老得不能动的时候，看着膝下儿孙，享受天伦之乐，过着富裕的晚年生活。朱自清在这样的氛围中，继续读私塾，那时候的私塾课程都是大同小异吧，经籍、古文、诗词等，一样不落。朱自清开蒙读书时，"值科举初废除，学校方兴。父亲小坡公对他寄托了很大的希望，却怀疑当时新式的学校读书的成绩和教学的方法，便把他送到中过秀才或举人的老师那里去受教。而在放学回来的时候，小坡公要把他的作文卷子，一篇一篇地读过。这多半是在晚饭后，小坡公一面吃着落花生豆腐干下烧酒，一面就低吟着朱先生做的文章。看见文章尾后有好评，字句边上又有肥圈胖点，就点头称是，欣然饮酒，且给坐在旁边的儿子几粒花生米，或一块豆腐干。若是文章的字句圈去的太多，尾后又有责备的评语，即小坡公就要埋怨朱先生了，自然比文章的评论说得厉害。在这个动气的时候，虽并不伸手去打儿子，却往往把文章拿来出气，投在火炉里无情的烧掉。朱先生遭着这样的情形，多半是忍不住哭了起来"。这段内容是姜建、吴为公在《朱自清年谱》（2010年11月第1版）上引用于维杰发表在台北《书和人》杂志第五十二期《朱自清的学术研究》上的话，该杂志出版于1967年2月25日。在朱自清的作品里不见这样的记载。其他资料也不见于维杰这篇文章记述的内容。朱自清在私塾读书是从五岁到十岁这段时间。在朱自清十岁那年，父亲去了江西的石港镇做了盐务官，朱自清随父亲前往，一年后才回到扬州，入了双忠祠初等小学读书。所以，于维杰的这段记述大致没有错。科举未废时的私塾老师，大都教孩子做八股文，策或论，为科考做准备。科兴制度虽废，但在一般私塾老师眼里，文章仍是求取功名中的必修课，所以朱自清的父亲和老师一样，严格要求也是在情理之中。

1909年，朱家再次搬迁，由天宁门街迁到弥陀巷中段小桃花巷内。朱自清三弟朱国华在《朱自清在扬州故居踪迹》中说："巷口有一口水井。大门对面有一堵照壁，照壁后便是东西延绵的瓦砾山。大门向北，门槛很高，入大门通过门楼，进屏门有一方小天井，向西进入二门，便是一个三合院。朝南三大间是正房，我们父母兄弟姐妹都住在这里。隔着天井，对面有三间较小的屋，是祖父母的住房。向西通过厢房旁的甬道，又有一个小天井。南边是厨房，北面有耳房一间，供勤杂人员居住。"这是朱家自购的房子，从结构上看，这是一所中等偏上的大宅。说不上太豪华，但也足够气派了。朱自清在这里一直居住到1913年。这四年时间对朱自清的成长极为重要，他已经成为一个能独立思考的少年了。在这几年中，朱自清经历了很多。国家大事是改朝换代，他很快就剪去了辫子；家庭大事是父亲升官了，由江西石港调任江苏宝应厘捐局局长；个人大事是母亲张罗着朱自清的婚姻大事。而给朱自清全家及他自己人生带来重大影响的变故也发生在这一时期的1912年。辛亥革命后，原清朝扬州镇守使徐宝山摇身一变，在扬州成立了军政分府，自任司令。他专找清朝政府官吏敲诈勒索，以逮捕和杀头要挟。朱自清祖父做了多年官，积蓄颇丰，名声在外，加上父亲也一直在外做事，又当了厘捐局局长，也是个肥缺。于是徐宝山找到朱家，以"协响"为名，勒索钱财。朱则余为了家人的安全，也为了保全自己的"面子"，只好捐出了大半家财。但终因心力交瘁而得了中风。朱国华在《对大哥朱自清少年时期的回忆》中说："祖父菊坡公年老中风，半身不遂，走动需要人搀扶。那时大哥十三四岁，常常帮助家人将祖父搀到大门口坐在高门槛上，让他散散心。"但老先生还是心有不甘，咽不下这口闷气，不久就郁闷辞世了。

朱家经此变故，家道由此中落。

这个徐宝山究竟是什么人，竟如此厉害？据史料载，徐宝山是镇江人，生于1866年，早年在江淮一带贩卖私盐，后加入青帮，又联络洪门，创设"春宝堂"，手下有一支颇具实力的帮会武装。经过多年打打杀杀、招兵买马，吸引了不少游手好闲之徒，徐宝山被拥为大头目，继续以贩私盐为生，盘踞在十二圩、七濠、瓜洲等地。随后又沿长江两岸东西方向同时发展，势力逐渐扩大，成为盘踞一方的霸主。2014年9月22日，《扬子晚报》刊登一篇文章，题目叫《镇江枭雄徐宝山齐名的黎元洪》，撰稿人是江苏省档案局的袁妍、蔡红和扬州市档案局的柏桂林、薛梅、雍俊，以及扬子晚报记者陈婧。这篇文章对徐宝山和他的帮会武装有专门的介绍：

　　他们从两淮盐场将上等的海盐贩往江南发售，获取暴利。由于徐氏狠毒，杀人如麻，清军缉私营都怕他，不敢阻拦剿捕，往往一听说是徐的人要路过，立即放行。实际上，贩私与缉私双方互相勾结，共同渔利。到了 1899 年，徐宝山名声已遍及沿江各地，长江中下游，无一口岸没有徐宝山运销的私盐，无一口岸没有徐宝山的洪帮势力。其间大运河南北，长江上下，打着春宝堂旗号的私盐船多达七百余号。1900 年，徐宝山归顺清朝，为清廷效忠，被任命为新胜（水师）缉私营管带。两江总督刘坤一又任命徐兼虎字陆营管带。徐宝山感恩戴德，甘心充当鹰犬，竭力帮助清政府控制地方治安。不到几年，原本盐枭遍地、帮会林立、土匪丛生的江淮一带秩序井然，盐务专卖有了保障，民间缙绅、盐商是一片颂扬声，徐宝山一时声名大振，徐老虎的威名更是妇孺皆知。因功劳卓著，张人骏任两江总督时，徐宝山升任江南巡防营帮统。从此，他率领水陆两军，游弋于长江下游的江淮地区，威震一方。1903 年，徐宝山又听从清廷指令，会同清军将他以前的绿林盟友曾国璋剿杀，并因功而擢升为江南巡防营帮统。1910 年，"匪魁王正国率众数百，拥马家荡，劫公兴号运盐船十余艘，宝山剿擒之"。1911 年 4、5 月间，江北积年巨枭朱盛椿、朱羊林等，"在江都县属嘶马镇啸聚"，徐宝山会同两淮缉私营统领王有宏，率部众先后擒获二

从这段文字中看出来，朱自清性格中也有顽皮、淘气的一面，居然跟着一群同学去"闹事"玩。

1913年春，袁世凯暗杀了国民党代理理事长宋教仁。尚在高小读书的朱自清闻后，十分愤慨，撰写了长歌《哭渔父》，以示悼念。这篇可能是朱自清怀着愤慨之情而创作的长歌，早已亡佚，但仅从标题三字，也能大致看出朱自清一腔正义的情怀。这时候的朱家，已经支撑不下去了，偌大的房子显得空空荡荡，极为萧条。为维持日常开销，只好把弥陀巷的大房子卖掉，搬到了南皮市街。这也是一条古老的街巷，而朱家大门向东的房子更为古旧破败。

所谓南皮市街，就是皮市街的南段，因为皮货商集中在这一带而得名。除了皮货，街上还有其他扬州特色店，卖糕点的，卖剪刀的，修脚的，还有"皮包水"等店铺，有一家叫"云蓝阁"的纸店名气不小，专营各种纸笺、笔墨和扇面等书房用品。这时候的朱自清已经考入两淮中学，上学、放学路上，或休息日里，想必也和同学们常来这家店铺逛逛，看看纸笺扇面，就是在这家店铺买过学习用品也是有可能的。这是一条具有典型扬州风范的古老街市，石板铺地，街两侧分布的大大小小的店铺更是被招帆、牌匾所点缀。朱自清穿梭往返在这条街巷里，思想和情感随着不停奔忙的脚步，也渐渐走向成熟了。

　　就在朱家搬来的前后，国内政治形势已经相当严峻，袁世凯同革命党人的矛盾日益不可调和，种种不和谐的声音四处泛滥，甚至有爆发冲突的可能。扬州地处长江流域的战略要地，各方势力都希望在这里争得一席之地，革命党方面更是把这里当成自己的堡垒，试图"沪宁并举、联成一线"，从这个角度看，扬州、镇江非得手不可。若取得扬州、镇江的控制权，进可北上取得徐州、中原，退可以夺取长江，如失去扬、镇，上海和南京之间就被打入楔子，会南北不顾，左右为难，有可能烽火未举，败局已定。为此，革命党人极力拉拢扬州军阀徐宝山，劝说他反对袁世凯，支持革命党。徐宝山老奸巨猾、精于算计，对来人"笑而遣之，若无其事"，爱理不理的样子，实际就是不理。与此同时，他却接受了袁世凯派人送来的巨资达二十五万元。为了表示对袁的忠心，他还把儿子送到北京，其实就是充当人质。徐宝山的行为激怒了革命党人，革命党人策划除掉徐宝山。风声很快传到了扬州，但徐宝山仗着一身武艺和多年建立起来的流氓网络，加上拥兵二万，对社会上暗杀他的流言嗤之以鼻、不屑一顾。而革命党人在经过一段时间的准备后，于1931年5月，在张静江的精心策划下，以送古董瓷瓶为诱饵，在瓷瓶里安放炸弹，炸死了徐宝山。据相关资料记载，徐宝山酷爱古董，当古瓷瓶送来后，徐于5月23日晚间，和他的两个部属到房间看古瓷瓶，部属因为盒内为珍贵之物，不敢用力，没有打开盒盖。徐命他靠边，和另一部属一起开盒。徐宝山怕盒子震动致古瓷瓶损坏，用腹部抵住盒子。就在盒盖刚启开之时，一丝青烟冒出，徐宝山虽然大叫"不好"，但已经迟了，就算他武艺再高，身手再敏捷，也敌不过炸弹，不等他转身逃跑，一声巨响，一代"扬州王"徐宝山便血肉横飞，当即毙命。

徐宝山被炸死的消息在扬州引起轰动，受过他敲诈的人家更是一解心头之恨。朱家闻讯，也终于松了一口气，心里的一块石头落地了。但朱家经徐宝山的勒索，早已经家道中落，生活大不如前了。

时间很快就到了1915年。年初，日本帝国主义向袁世凯提出二十一条作为袁世凯复辟称帝的条件，并于5月7日发出最后通牒，迫使袁世凯接受此条约。此事引起众怒，举国掀起抵制日货的浪潮。扬州不是世外桃源，朱自清和同学们在暑假期间，也积极投入运动中，他一边跟着宣传大队上街讲演，一边组织青少年参加义卖国货运动。尚在小学读书的三弟朱国华也在他的鼓动下，一起参加义卖国货运动。到了这年冬天，袁世凯更是违背民意，下令恢复帝制。朱自清和同学们得悉此事，心情沉重。朱国华回忆说："大哥和同学七八人团团围坐着低声讨论，我恰从后厅走近，只听大哥讲：'两年前宋教仁遭暗杀，现在又要一手遮尽天下耳目，帝制自为，真是太不顾民意了！语云，物极必反，我想，凡事顺从民意的，必定取得最后成功，而那些倒行逆施违反时代潮流的独夫行动，一定不会长久的。'"（《对大哥朱自清青少年时期的回忆》。《扬州文史资料》第七辑，1988 年 7 月）

朱自清一家在南皮市街住了两年左右，再次搬家。这次租住的房子在琼花观街东首。朱国华说：该宅"大门向南，通过大门内门楼，进入屏门，是一个长方形的院落。南面有耳房三间。向北通过果园，东面有住房三进，当时是房主和孙姓居住的。我家住西边，进入东向的二门走过花圃，前面是一座朝南的大厅，后面有两进内室。由二门内花圃通过八角门向北弯进，走过长长的火巷到达厨房，厨房有三大间，开启了后门，通向芍药巷中段的银锭桥"（《朱自清在扬州故居踪迹》。《扬州文史资料》第七辑，1988 年 7 月）。朱家在这里住了七八年之久，算是居住时间较长了。朱自清也在这里经历了中学毕业，考入北大，和武钟谦结婚、生子，大学毕业，在浙江一师任教，在八中做了短暂的教务主任等一系列事情。可以说，在扬州的不断搬迁中，朱自清对琼花观住宅的感情最深，一方面是他已经成家立业，为人夫为人父，开始面对世事沧桑和家庭琐事，领略人间苦乐，并思考人生和事业，另一方面，琼花观也是他在外漂泊的根。

朱自清的少年和青年，就是在这样的不断迁移中度过的，其间经历了从富裕之家到逐渐衰落的全过程。这一时期在扬州经历的诸多纷繁人事，给朱自清留下的印象委实不好，也牵累了扬州这座城市，在名篇《我是扬州人》一文里，朱自清开宗明义，似乎要大声诏示天下，我"就是扬州人"，口气之肯定，毋庸置疑。但是，我在多次读过这篇文章之后，总觉得朱自清这样说，有些"负气"的意味，也有些"无奈"的意思。虽然这里是他"生于斯，死于斯，歌哭于斯"的地方，但他说的并非实情，"生于斯""死于斯"可能只是文学上的夸张，因为他并不是生于斯，也未必死于斯。生，他出生在海州，甚至他祖孙三代都出生在海州（灌南花园庄隶属海州）。而"歌哭于斯"，却是真的。这时候的扬州，毕竟时过境迁了，不是旧时那般繁华了，在《我是扬州人》里，朱自清说，"不用远说，李斗《扬州画舫录》里的扬州就够羡慕的，可是现在衰落了，经济上是一日千丈地衰落了，只看那些没精打采的盐商家就知道"。历史上扬州曾是繁华之地，更是温柔富贵之乡，经济发达，生活富裕，是许多达官贵人、文人骚客心驰神往的地方，从历代书写扬州的诗词歌赋中，就可见一斑。但扬州在过多的追捧、赞誉中，并未因此而养成博大、包容的文化胸襟。早在二十世纪三十年代，易君左就写过一本《闲话扬州》的书，因此而惹出了一段"扬州闲话"。我手头这本是黄山书社1993年的新版本，印制不算精美，一本薄薄的小书，保持了原书的风貌。此书的时代背景，是在二十世纪三十年代初，南京是民国首都，江苏省会在镇江，易君左任江苏教育厅编审室主任。"一·二八"事变后，驻在镇江的省级机关开始人员疏散，易君左随教育厅的一部分人暂时过江，迁到扬州。易君左本身就是文人，出版过不少著作，对扬州古老的历史文化、清雅的人文景观，也早就有耳闻并多次畅游。易过江后，住在南门街一带，因闲时太多，便想利用这个机会写本书，写什么呢？既然避居扬州，风情民俗又熟悉，就写扬州吧。他一方面阅读关于扬州的笔记、野史，搜罗历代地方史志，另一方面走访民间，继续熟悉风情风俗，还到处游览，写下了数量可观的日记、小品，以及文章、诗词。但在扬州避居时间并不长，不久后他就回到了镇江，动笔写作。易君左笔头不慢，一本小书很快就告成了，并于1934年由上海中华书局出版。《书屋》杂志2001年第十一期发表了吴锡平的文章《闲话〈扬州闲话〉》，文章说："客观地说，《闲话扬州》是一部风情游记，文史兼顾，笔调优美，但问题就出在该书的'扬州人的生活'一节。作者易君左在这一节里，因为说了些'全国的妓女好像是由扬州包办，实则扬州的娼妓也未见得比旁的地方高明'之类的闲话，激起了扬州人的公愤。以妇女界领袖郭坚忍为代表，扬州人组成声势浩大的'究易团'，声讨、抗议、告状，搅得易君左惶惶不可终日。直至最后，扬州妇女界将易君左告上镇江地方法庭。审判结果，当然是易君左威风扫地向扬州人道歉了。"

事实上，《闲话扬州》一书的影响，只是"扬州闲话"案影响的九牛一毛。如果扬州人就此不理，怕是这本小书和易君左的其他作品一样，早被历史的潮流所淹没。但有了"扬州闲话"案，反而激起人们的好奇，都想一睹该书的风采，并对那些让扬州人"感冒"的话题大加追究，想有更多的了解。而"扬州闲话"案背后的故事，更是让人对"扬州闲话"案留下了很深的负面印象——此事居然和当时的扬州黑道有关。

话说当时在中华书局供职的有两个扬州人，看到写家乡的闲话，便随手翻看几页，这一翻不要紧，发现有些话挺不好听，可以说是对扬州人的不敬，两个人一合计，有了主意，偷偷带出两本，故意送给扬州籍的帮会头子阮慕伯。这阮慕伯出身盐枭，是青帮里一个响当当的大亨，长期住在上海，地位很高，据说仅次于黄金荣、杜月笙、张啸林，排第四、第五的位置。阮氏的徒子徒孙很多，遍布上海，在扬州、镇江、南京等地也有众多徒子徒孙，是个一手遮天的风云人物，他行五，江湖上都尊称他为"阮五太爷"。阮氏看了《闲话扬州》后，也气不打一处来，决定要收拾这个姓易的。颇有心机的阮五太爷将书分别寄给扬州的两个重要人物，一个是和尚可端，另一个是妇女界的首领郭坚忍。阮氏在寄书的同时，又给可端和郭坚忍捎了口信："这件小事，由我来办吧！"阮氏一语双关的话，很快传到易君左耳朵里。易君左是聪明人，知道阮五太爷的厉害，顿时心惊肉跳，连忙去找他上司——教育厅厅长周佛海。周佛海明白一点"道"上的话，说"这件小事，由我来办"，就是"办掉"的意思，不由得也冒出一身冷汗。人命关天，不能不问，他决定出面周旋。经周佛海的努力，此后又惊动王柏龄和陈果夫，双方明里暗里较量了几个回合，才算

朱自清在江南的五年

有了双方满意的结果。

关于扬州的那些事，也不是易君左一本薄薄的《闲话扬州》所能概括的，身居扬州多年的朱自清，处在那样的环境当中，自然也明白民国时期扬州的现状了。朱自清在写给陶亢德的信中，谈到曹聚仁先生的《说扬州》一文时，说："现在的扬州，却不能再给我们那么美感。从前扬州是个大地方，现在盐务也不行了，简直就算个没落的小城。可是一般人还是忘其所以，他们要气派，自以为是，几乎不知天多高，地多厚，这真是所谓'夜郎自大'了。扬州人有'扬虚子'的名字，这个'虚子'有两种意思，一是大惊小怪，一是以少报多；总而言之，不离乎虚张声势的毛病。"郁达夫在自己的散文中，也对扬州的人文环境和人文精神颇有微词。在《我是扬州人》中，朱自清还列举了许多在上海的扬州人，一到外地，便撇着"那点不三不四的上海话"，冒充上海人，"甚至连这一点都没有，也还自称为上海人"。似乎只有这样，才能显示自己身份。上海作家的一些文学作品中，也会不自觉地流露出那种"瞧不起"的意味来。王安忆有篇著名的小说，叫《发廊情话》，写一个理发的小老板，开头是这样写的："三十来岁的年纪，苏北人。也许，他未必是真正的苏北人，只是入了这行，自然就操一口苏北话了。这好像是这一行业的标志，代表了正宗传继。与口音相配的，还有白皙的皮肤，颜色很黑、发质很硬的头发，鬓角喜欢略长一些，修平了尖，带着乡下人的时髦，多少有点流气，但是让脸面的质朴给纠正了。脸相多是端正的，眉黑黑，眼睛亮亮，双睑为多，鼻梁比较直，脸就有架子。在男人中间，这类长相算是有点'艳'，其实还是乡气。他们在男人里面，也算得上饶舌，说话的内容很是女人气，加上抑扬缠绵夸张的扬州口音，就更像是个嘴碎的女人了。"理发只是一种行业，在上海人的心目中大致就是王安忆描写的这个样子的，苏北人，扬州口音（苏北话的代表），乡气，女人气。在上海人的心目中，"苏北"或"江北"有时候是个大概念，是指整个江苏的。从行文上看，在朱自清生活的那个年代，上海的下层劳动者大多是苏北人。所以朱自清不避讳，直言道，"我也是一个江北佬，一大堆扬州口音就是招牌"。

朱自清写《我是扬州人》，固然对扬州人也有"微词"，但也没少赞誉扬州。朱自清真正要表达的是故乡，是在寻找故乡。朱自清的故乡在哪里呢？他生在海州，按中国人的传统观念，衣胞埋在哪里，哪里就是故乡。但他很小就随父母到高邮的邵伯（后属江都），两年后又到扬州。"有些国语教科书里选得有我的文章，注解里或说我是浙江绍兴人，或说我是江苏江都人——就是扬州人。有人疑心江苏江都人是错了，特地老远的写信托人来问我。我说两个籍贯都不算错，但是若打官话，我得算浙江绍兴人。浙江绍兴是我的祖籍或原籍，我从进小学就填的这个籍贯；直到现在，在学校里服务快三十年了，还是报的这个籍贯。"（《我是扬州人》）又说：他的祖父母"都葬在扬州，我家于是有祖茔在扬州了。后来亡妇也葬在这祖茔里。母亲在抗战前两年过去，父亲在胜利前四个月过去，遗憾的是我都不在扬州；他们也葬在那祖茔里。这中间叫我痛心的是死了第二个女儿！她性情好，爱读书，做事负责任，待朋友最好。已经成人了，不知什么病，一天半就完了！她也葬在祖茔里。我有九个孩子。除第二个女儿外，还有一个男孩不到一岁就死在扬州；其余亡妻生的四个孩子都曾在扬州老家住过多少年。这个老家直到今天夏初才解散了，但是还留着一位老年的庶母在那里"。这就是朱自清对扬州最真实的情感。在朱自清大量的文学作品中，以扬州为背景的很多。这有点像汪曾祺。汪曾祺也是十九岁离开家乡高邮，此后很长时间都没有再回老屋居住过，直到二十世纪八十年代初，才回老家省亲。但他的许多小说、散文，都是写高邮的。所以，从心理上，朱自清虽然在寻找故乡，或许也不太情愿自己的故乡是扬州，但扬州留下了他童年的梦想和少年的记忆，还有埋葬先祖先父的祖坟地。所以，当1946年暑期结束后他还在重庆时，《人物杂志》约稿，才信笔写下了《我是扬州人》，文章说："俞平伯先生有一行诗，说'把故乡掉了'。其实他掉了故乡又找到了一个故乡；他诗文里提到苏州那一股亲热，是可羡慕的，苏州就算是他的故乡了。他在苏州度过他的童年，所以提起来一点一滴都亲亲热热的，童年的记忆最单纯最真切，影响最深最久；种种悲欢离合，回想起来最有意思。'青灯有味是儿时'，其实不止青灯，儿时的一切都是有味的。这样看，在那儿度过童年，就算那儿是故乡，大概差不多罢？这样看，就只有扬州可以算是我的故乡了。"从这段话里，更是不难看出，他对扬州这个故乡的勉强之情。

我小时候生长在农村，祖母教给我的第一首童谣里，就有对扬州的向往："小扁担，软抽抽，挑白米，下扬州。扬州看我好白米，我看扬州好大姊。"我们那里的方言，"米"和"姊"是押韵的。这童谣说唱了多少年，小时候不懂，后来渐大才知道，大米固然要卖个好价钱，扬州的"好大姊"也是要看的。

求学北大

　　北京大学早年的学制有预科，校舍设在北河沿，原是京师大学堂译学馆。1913 年，译学馆停办后，改为大学预科。这是一个两层楼的洋房，作为预科学生宿舍，教室离译学馆不远，也是西式的结构。

　　1916 年秋，17 岁的朱自清考进了北京大学文预科。文预科，大约就是中文系预科的意思吧。

　　北河沿这个地方，我从刘半农的文章《北大河》中略知了一些。刘半农把这里说成是北京城里一个很有特色的地方，带有民间色彩，有江南风趣的水，且河水永远满满的，亮晶晶的，河水映照下的两岸行人、草木和房舍，也分外玲珑，分外明净。两岸的杨柳，春天鼓出青青的嫩芽，夏天浓条密缕，婆娑可爱，即便是秋天的枯枝，也饱含着诗意。当然，他说的"北大河"，不是指北方的大河，而是说北大的河，即北京大学的河。刘半农解释说："那条河的最大部分（几乎可以说是全体），都在我们北大区域之内（我们北大虽然没有划定区域，但南至东安门，北达三道桥，西迄景山，谁也不能不承认这是我们北大的势力范围矩——谓之为'矩'而不言'圈'者，因其形似矩也——而那条河，就是矩的外直边），我们不管它有无旧名，应即赐以嘉名曰'北大河'。"

张中行先生的《负暄琐话》等书里，也常有北河沿一带的描写，这里不仅有着有别于北京苍茫气象的秀丽的街景风光，街区遗落的许多历史陈迹也会勾连起人们对远去往事的回忆。2014年暑假里，我因为有事要在北京逗留一段时间，老婆便带儿子来北京"探班"，一起玩了十来天。北京这地方说大很大，真正玩起来，也很小，该跑的地方几天就走马观花了一遍，我突然不知道哪里还能玩玩了，于是便提议到南锣鼓巷去。他们不以为然，认为那种闹哄哄的商业地带没多大意思，大小城市都有，大同小异。但又实在无地可游，便勉强去了，地铁六号线也很方便，出了地铁口便是南锣鼓巷，人挨人果然不好玩。我告诉他们，拐过去不远，就是什刹海了。因为刚去过北海公园，知道这两个"海"紧挨在一起，料想长相也差不多，没啥玩头。这时候我想告诉他们，这儿就是当年的北河沿一带，老北大的地盘。但这种旧时明月，怕他们更没兴趣。去什刹海的途中，遇到一条短短的河，河岸上一棵棵老柳树，长长的柳枝正随风飘扬，河里还有藕荷，荷花正开。这是否就是刘半农笔下的北大河呢？即便是，也是北大河的一条尾巴了——所幸还留下这条尾巴。1959 年 4 月 14 日，俞平伯写的《"五四"忆往——谈〈诗〉杂志》里说，他的"第一首新诗，描写学校所在地北河沿。现在小河已填平，改为马路了"。这又何妨呢？我觉得像，那就是吧。

刘半农记忆里的有模有样的"北大河"还在时，正是在朱自清就读北大时期。文预科的第一年课程还是比较多的，主要有国文、文字学、本国史、本国地理、西洋文明史、英语、体操。教他的老师有沈尹默、沈兼士、陈汉章等。1916 年年底，蔡元培入主北大，采取学术思想自由、兼容并包的方针，广延学问深、思想活跃又热心教育的人士来学校执教。1917 年 1 月，《新青年》的创始人陈独秀被聘为文科学长，紧接着，胡适、周作人、刘半农、钱玄同等陆续进入北大，一时间，北大真是人才荟萃、气象一新。朱自清在北大文预科读了一学年，

1917 年暑假回家后，看到弟妹渐长，家里的负担很重，父亲长年在外谋生，持家不易，加上自己已经成婚，作为家中长子，他觉得应该早点为父亲分担责任，而两年的大学预科加上四年的本科，时间太长，考虑再三，决定跳级投考北大本科，顺利被北京大学文科哲学门录取，同时，把自己的名字改为"自清"。为什么改名自清？仅从字面上讲，不难理解，清，清白、清洁、清廉、清苦之意，朱自清之子朱乔森在《我所认识的父亲朱自清》一文里说："自清之意是为了自警，自警自己在家境衰败、经济困难，乃至被生活的重担'压到不能喘气'的时候，也决不与社会上的各种腐败现象同流合污。"从朱自清的性格上看，朱乔森的话没有错。

课余之后，朱自清是否也和同学们到"北大河"去走走看看呢？朱自清大一、大二时期，正值新文学运动萌芽，白话新诗是开路先锋，朱自清和俞平伯等都加入了那场运动。北大教员刘半农说："那时我同胡适之，正起劲做白话诗。在这一条河上，彼此都嗡过了好几首。虽然后来因为嗡得不好，全都将稿子揉去了，而当时摇头摆脑之酸态，固至今犹恍然在目也。"（刘半农《北大河》）虽然朱自清上课不在北河沿了，搬到了汉花园北大一院，即现今的沙滩一带，但仍然在北大的势力范围内。

他的同学有陈公博、康白情、谭平山、徐彦之、潘菽、苏甲荣、杨晦、江绍原、区声白、吴康等，他们在北河沿一带散步、谈心，是否也像他们的老师一样"嗡"几首呢？至少，我们知道，在1920年1月25日这天，朱自清创作了一首白话诗，诗名就叫《北河沿的路灯》。这是什么样的路灯呢？请看：

> 有密密的毡儿，
>
> 遮住了白日里繁华灿烂。
>
> 悄没声的河沿上，
>
> 满铺着寂寞和黑暗。
>
> 只剩城墙上一行半明半灭的灯光，
>
> 还在闪闪烁烁地乱颤。
>
> 他们怎样微弱！
>
> 但却是我们唯一的慧眼！
>
> 他们帮我们了解自然；
>
> 让我们看出前途坦坦。
>
> 他们是好朋友，
>
> 给我们希望和慰安。
>
> 祝福你灯光们，
>
> 愿你们永久而无限！

这是毕业前几个月写的诗，其思想性和艺术性已经相当高了，北河沿的灯光，不仅可以"帮我们了解自然"，还"让我们看出前途坦坦"。同时也从中看出，年轻的朱自清经常流连于北河沿一带，不仅观察美丽风光，还带有自己的人生思考。

改上了北大哲学门的第一学年，课程就有胡适的《中国哲学》《中国哲学史》，陈大济的《哲学概论》《心理学》，章士钊的《论理学》，陶孟和的《社会学》，等等。到了二年级，课程有胡适的《西洋哲学史大纲》，杨昌济的《论理学》，马叙伦的《中国哲学》，还有英语、德语等课。和每一个在文学上和学术上取得成功的人一样，年轻时的朱自清也喜欢大量的课外阅读，兴趣很广，读书很杂，他在《买书》一文中说：入了哲学门之后，"还喜欢找佛学书看。那时候佛经流通处在西城卧佛寺街鹫峰寺。街口下了车，一直走，快到城根儿了，才看见那个寺。那是个阴沉沉的秋天下午，街上只有我一个人，到寺里买了《因明人正理论疏》《百法明门论疏》《翻译明义集》书等"。另外，他也爱读《新青年》《时事新报》等报刊，特别是这些报刊上的新文学作品，更是吸引了他。在他的同学中，也有像康白情这样喜欢新诗创作的人，更有俞平伯、罗家伦、傅斯年等已经发表新文艺作品的学长。这些同学和学长的文学作品，有没有对他产生影响呢？课余之时，约几个情趣相投的同伴，讨论白话文和新诗运动也是完全有可能的。所以当1919年春天大二下学期刚开始，他就作出了白话新诗《睡吧，小小的人》。

据说，《睡吧，小小的人》是受同室学友的一幅画的影响，这幅画叫《西妇抚儿图》，朱自清受到启发，才产生了创作冲动。其实，说朱自清受这幅画的影响是有可能的，因为诗中确有"金发"蓬蓬，有"碧绿"的双瞳，但主要还是他自己也初为人父了——他的长子朱迈先出生于1918年9月30日，他创作此诗时，长子还在襁褓中，刚刚五个月，朱自清1919年年初寒假归家，才见到这"小小的人"，初为人父的甜蜜和喜悦之情难以掩饰。有了此画的影响，加之想念远在扬州的爱子，才激发他情感深处的体验，灵感光顾了，诗意才得以喷发：

> "睡吧，小小的人。"
> 明明的月照着，
> 微微的风吹着——一阵阵花香，
> 睡魔和我们靠着。

"睡吧，小小的人"

你满头的金发蓬蓬地覆着，

你碧绿的双瞳微微地露着，

你呼吸着生命的呼吸。

呀，你浸在月光里了，

光明的孩子，——爱之神！

"睡吧，小小的人。"

夜底光，

花底香，

母底爱，

稳稳地笼罩着你。

你静静地躺在自然底摇篮里，

什么恶魔敢来扰你！

"睡吧，小小的人。"

我们睡吧，

睡在上帝的怀里：

他张开慈爱的两臂，

搂着我们；

他光明的唇，

吻着我们；

我们安心睡吧，

睡在他的怀里。

"睡吧，小小的人。"

明明的月照着，

微微的风吹着——一阵阵花香，

睡魔和我们靠着。

这是朱自清创作的第一首新诗，发表在本年的 12 月
11 日《时事新报》副刊《学灯》上。这是一首很温馨、
感人的诗，写"小小的人"在摇篮里的甜甜的酣睡，有
母爱的庇护，有花香明月笼罩，有微微的风吹着。但是
在充满爱意和温情的氛围中，诗人突然喝问一句："什么
恶魔敢来扰你！"为什么这么突兀地冒出这一句呢？既
然"小小的人"受爱子的影响，那么他自然也想到他的
家庭了。1917 年冬天，朱自清的祖母逝世了，他回扬州
奔丧时路过徐州。他父亲朱鸿钧时任徐州榷运局局长，
这个官职，相当于现在地方上的盐务局局长。榷运局，
就是官方设立的掌管盐专运专卖的机构。那时候有一句
流行的话，称掌握盐业机构的人为"盐大头"，是指盐税
占地方财政的大头，后来演变成当盐官的权力大。可能
缘于这层吧。朱鸿钧在徐州背着家里人，纳了几房妾。
此事被当年从宝应带回来的淮安籍潘姓姨太太得知，从

扬州赶往徐州大闹了一场，这一闹不打紧，却引起上司的重视，怪罪于朱鸿钧，撤了他的职。为打发徐州的几个妾，朱鸿钧花了很多钱，以至于亏空多达五百元，让家里变卖了许多贵重物品才算补上了这个大窟窿。朱自清的祖母不能忍受这样的变故而辞世。朱自清的散文名篇《背影》，就是从这时候写起的。朱自清在徐州和父亲汇合后，情形是凄凉的："看见满院狼藉的东西，又想起祖母，不禁簌簌地流下眼泪。父亲说：'事已如此，不必难过，好在天无绝人之路！'""回家变卖典质，父亲还了亏空；又借钱办了丧事。这些日子，家中光景很是惨淡，一半为了丧事，一半为了父亲赋闲。"（《背影》）朱自清目睹并经历了家庭的衰败，感受了家庭衰败给他带来的影响，给他造成的危局和困境。这便是诗中的"恶魔"了。不管别人怎么理解，我觉得，这一句是有别样意义的：就算有什么恶魔敢来骚扰你，小小的人儿，也有"慈爱的两臂，搂着我们"。朱自清有这样的心境，还基于在此之前，他内心里对父亲是有一种抱怨的态度的，或对父亲是有看法的。改变了对父亲的看法，一是他自己成婚生子，有了孩子，还有一层，也是《背影》里所提到的父亲的那封信："我身体平安，惟膀子疼痛厉害，举箸提笔，诸多不便，大约大去之期不远矣。"朱自清读了这封信之后是什么心情呢？"在晶莹的泪光中，又看到他那肥胖的、青布棉袍、黑布马褂的背影。"后来，朱自清进一步回忆读到父亲的信时，是"真的泪如泉涌"。初为人父的朱自清，看到同学的画，才触景生情、泪如泉涌的吧。

自《睡吧，小小的人》创作、发表之后，他的创作和译文开始勤勉起来，也陆续见诸报刊，如1919年10月4日在《晨报》副刊上发表了翻译小说《父亲》。这篇小说翻译于9月30日，11月13日又翻译《心理学》第一章《心理学的范围》。新诗创作更是一发而不可收，11月14日，作《小鸟》，21日又作《光明》，23日作《歌声》，12月6日作《满月的光》，12月18日在《时事新报》副刊《学灯》发表《羊群》，12月21日作《新年》，发表于次年1月4日《北京大学学生周刊》创刊号上。《光明》《羊群》《新年》三首诗是朱自清早期创作的重要收获，《羊群》更是带有深层的寓意，现实社会的黑暗和不公，连安睡的羊群都不能幸免，一群下山的饿狼将它们吞噬，然后扬长而去。洁净的月光下，只剩鲜红的血与雪白的毛。诗人要表达的意思一目了然，即对无助的被害者深切同情，对霸道的压迫者无比愤怒。《新年》可以说是对应了《羊群》。"新年"是美丽的天使，是口含黄澄澄的"未来的种子"，从天上飞来，带着耀眼的红光，照亮了黑暗的天幕，羽翼鼓动的声音，终于唤醒了沉睡的人们（羊群）。朱自清的这种创作势头一直延续到北大毕业——本科第三学年，他以优异成绩取得了文学学士学位。

本科读了三年即取得学士学位毕业。这里还有一个小插曲，1919 年，蔡元培改革北大学制，由学年制改为学分制，规定本科学生学满八十个单位（每学年每门课程的周学时数为该课程的单位数）即可毕业，其中一半为必修课，一半为选修课。这给勤奋、聪慧且想提前毕业的学生以提早毕业的机会，朱自清和别人又不太一样，这几年，朱自清家境每况愈下，加上他在北京的花销，负了不少债，妻子武钟谦把陪嫁的首饰都拿出去卖了来补贴他的学习。朱自清太知道家庭给他带来的压力了，有了提前毕业的机会，他为什么不努力呢？除了写作，朱自清几乎没有别的爱好，听课、读书、做功课，除了中间所经历的五四运动，他和江绍原、许德珩、孙伏园、杨晦等一起上街示威游行，有缺课记录外，其他的日子他"从不缺课"。北大是民主自由的阵地，学生中，有人热心于政治，有人信仰各种主义。朱自清也不能例外地参加各种活动，如街头宣传演讲，如参加贫民教育演讲团。他还参加了"北京中等以上学校学生联合会"的一个股的具体工作，为北京大学校役夜班讲授国文课。到了大学三年级下学期，他创作活动更为活跃，创作、翻译更为勤奋，早年一批重要的诗作即写于这段时间，如新诗《煤》《北河沿的路灯》《小草》《努力》，还有翻译的德国小说家 L.J.Hoh 的小说《胜者》，发表译文《短篇小说的性质》。1920 年 3 月，他和冯友兰、孙福熙同时加入了新潮社。新潮社是 1918 年 10 月成立的新文化社团，发起人是北大学生罗家伦、傅斯年、徐彦之等人，俞平伯也参加了筹备工作，并被选为干事部书记，担任《新潮》杂志编辑部事务之记载、对外信件联络等工作。俞氏在《回忆〈新潮〉》一文中说："1918 年下半年，北大文科、法科的部分进步学生组织了新潮社，创办《新潮》杂志，为《新青年》的友军。新潮社设在沙滩北大红楼东北角的一个小房间里，与北大图书馆毗邻。……我们办刊物曾得到校方的资助。校长蔡元培先生亲自为我们的刊物题写了'新潮'两字。"朱自清能够成为早期新潮社的一员，与他创作上的成就不无关系。他参加了平民教育讲演团，并当选了平民教育讲演团第四组书记，1920 年 4 月 6 日，他与杨钟健等人到通县演讲，演讲的内容是围绕国民的义务与权利展开的，宣传了国民应有的精神风貌和平等自由，还有人生的理想以及破除迷信、解放自由的重要性。"演讲"这种宣传形式，在那一时期是新鲜事，朱自清虽然口才一般，但他也努力讲好，上午、下午各讲一次，题目分别是《平民教育是什么》《靠自己》。这次演讲的听众有五百多人。不久后，朱自清又在城北的京师公立第十讲演所做《我们为什么要求知识》的演讲，就连毕业前夕的五一国际劳动节，他也上街演讲了一次，讲题是《我们为什么要纪念劳动节》。但他终究不是振臂一呼、应者云集的斗士，他已深知，文学创作和学术研究已是他生命中不可或缺的部分，是他人生路上真实也是真心的选择。

1920 年 5 月，朱自清从北京大学哲学系毕业。

参考书目

[1] 朱乔森编. 朱自清全集. 南京：江苏教育出版社，1993

[2] 姜建，吴为公著. 朱自清年谱. 北京：光明日报出版社，2011

[3] 关坤英著. 朱自清评传. 北京：北京燕山出版社，1995

[4] 曹聚仁著. 听涛室人物谭. 北京：生活·读书·新知三联书店，2007

[5] 曹聚仁著. 天一阁人物谭. 北京：生活·读书·新知三联书店，2007

[6] 季羡林著. 清华园日记. 北京：外语教学与研究出版社，2009

[7] 柳无忌著. 柳无忌散文选——古稀话旧. 北京：中国友谊出版公司，1984

[8] 俞平伯，吴晗等著. 张守常编. 最完整的人格——朱自清先生哀念集. 北京：北京出版社，1988

[9] 浦江清著. 清华园日记·西行日记. 北京：生活·读书·新知三联书店，1987

[10] 王保生著. 沈从文评传. 重庆：重庆出版社，1995

[11] 吴世勇编. 沈从文年谱. 天津：天津人民出版社，2006

[12] 朱自清著. 朱自清精品选. 北京：中国书籍出版社，2014

[13] 林纳，徐柏容，郑法清主编. 朱自清散文选集. 天津：百花文艺出版社，1986

[14] 朱金顺编. 朱自清研究资料. 北京：北京师范大学出版社，1981

[15] 商金林编. 叶圣陶年谱. 南京：江苏教育出版社，1986

[16] 蔡仲德著. 冯友兰年谱. 北京：中华书局，2014

[17] 孙玉蓉编纂. 俞平伯年谱. 天津：天津人民出版社，2001

[18] 陈武著. 俞平伯的诗书人生. 北京：中国书籍出版社，2015

[19] 常丽洁校注. 朱自清旧体诗词校注. 北京：人民出版社，2014

[20] 汪曾祺著. 汪曾祺文集. 南宁：广西人民出版社，2006

[21] 徐强著. 汪曾祺年谱长编. 稿本

[22] 陈福康编著. 郑振铎年谱. 太原：山西出版集团·三晋出版社，2008

[23] 黄裳著. 珠环记幸. 北京：生活·读书·新知三联书店，2006